人類のことばと古代神話

山波 弘雪

はる書房

目次

〈世界古地図〉

第一章……ことば以前

人類がことばを使用し始めたのは、人類の祖といわれる猿人の時代ではなく、彼らの出現から数百万年を経た原人の時代というのが通説である。つまり、原人が出現するのが早くて一五〇万年前頃であるから、それに先行する猿人は直立歩行はしていたものの、まだ「ことば以前」の状態だったのである。

大地に降り立って生活を始めた人類は当初サルに似て毛深く、腰も伸びきっておらず、解放された両の手も不器用だったに違いない。これはアフリカやアジアで発見された人骨の化石から想像された形姿にすぎないが、アフリカの密林地帯に暮らすゴリラやチンパンジーなどの類人猿に近い存在だったであろう。高原など大地に降り立ったサルの仲間もいるが、彼らは直立歩行はしなかった。猿人と類人猿という紛らわしいことばの使用は両者の近似性をよく表している。人によっては類人猿に親近感を抱く者もおれば、逆に不快に思う者もおろう。人類の祖先を猿人とするか、神とするかは今や問題とはならないが、人間の出自を神に結びつけて論じる宗教家や精神論者たちにとっては、この人類の進化論は忌々しい実話となろう。

さて、直立・二足歩行に話を戻すが、人類のこの姿は生物の歴史において一つの画期的な出来事であった。哺乳類は通常四つ足で移動し（カンガルーのように後足で飛び跳ねて移動する動物もいる）、なかにはサルのように前足を手として器用に使いこなす動物たちもいるが、後足を移動用に使い、直立して両手を自由に使えるようにしたのは人類だけである。

かつて、といっても一億年も前の話であるが、恐竜のなかに二足歩行していた種類も化石の中から発見されている。しかしその種は、前足は手に変化したようであるが、前屈みで直立歩行はしていなかった。彼らは五〇〇〇万年ほど前に小惑星の衝突によって絶滅したそうだが、その末裔とされる鳥類は、手あるいは前足を翼に変えて二本足で地上に降り立った。生き延びるために空に飛び立ったと考えられるが、その代償も大きかったようで、手の代わりに固い嘴を持つようになった。鳥類や爬虫類よりずっと古い昆虫類にも飛行する種類が多いが、彼らは体に羽根を付けて空に舞い上がった。両者に違いはあるとしても、彼らは魚が水中を泳ぐように空中を移動している。植物も動物も数億年かけて海から陸へと様々な姿で進出していったが、進化とは不思議なものである。人類の直立歩行も、この偶然であり必然ともいえる進化の一大過程として捉えることができるが、別次元の長い道のりともなった。

直立歩行によって手と足の機能が分離したのは、脳が戦略的に係わったからとみてよい。動物の四肢は脳によって統御されており、人類もその例外ではなく、脳の発達が直立歩行を可能にしたのである。そのきっかけは謎としても、群れ（集団）にとってそれは可能な習慣となった。その名も直立猿人（ピテカントロプス・エレクトス）と名付けられた人骨がジャワ島で発見されたが、猿人たちの時代は三〇〇から四〇〇万年年ほど続いたとされる。これはたった一万年未満の歴史時代と比べると三桁違いの長期にわたる。また、文明としては石器時代の前段階に当たるが、彼らの脳容積が現代人の三分の一と推定されているので、それ相応の生活様式だったのであろう。

さて、猿人は直立歩行を達成したが、まだことば以前の状態であったとすると、それは何を意味するのだろうか。ただ両手が解放されただけではないか、ことばが話せなければ人間ではない、と言う人もいるかもしれない。たしかに、ことばは意思表示として強い表現力を有しているが、人間の顔の表情や手のしぐさ、体の動きなどは、豊かな表出力を持っている。

それに加え、人類には他の動物には見られない、発声器官と聴覚能力が備わるようになる。人の声というものは、意味不明であっても人の注意をひきつけるもので、悲鳴や叫び声は、人の耳に届けば、誰しも身構えるであろう。動物の鳴き声や吠え声は仲間への呼びかけや警戒の合図だったり、時には敵味方に係わらず威嚇だったり、いく通りかがある。人の声もことばになっていなくても、彼らに劣らない伝達機能を有していたはずである。ことば以前とは、乳幼児が立ち上がって歩き出し、片言でことばを使い始めようとする時期に似ていなくもない。だが人類にとって、それは長い長い黎明期だったのである。

人が声を発する器官は成長とともに形成されるもので、最初から出来上がったものではない。呼吸器と飲食物の通路が交差する地点にそれはある。呼吸器は鼻と肺を結ぶ全体をさし、空気の出し入れを行う重要な器官である。空気と飲食物は生命にとって大切なエネルギー源で、それらが通過する箇所（声帯）でことばは発せられる。発声は、唇、舌、歯などを利用して、主に呼気が使われる。ことばを吐くとか、ことばを飲み込むなどの表現は、食べ物や飲み物になぞらえているのが面白い。

音声を口から発するという行為は、その人の意志に基づいており、強弱の差はあれ感情というものを伴っている。悲しい声とか、怒りの声がその典型例で、息使いなど口調にも感情は現れる。その意味で、身振り手振りだけの意思伝達より、声を掛け合った意思疎通の方がはるかに人間的である。仲間への合図や指示、共に驚き共に喜ぶ時などの声は、お互いに理解しあっている証である。ここで重要な点は、お互いに聞く耳を持っていること、口から耳へと声が伝わることである。猿人の時代はことば以前の状態であっても、声の掛け合いは仲間どうしのコミュニケーションの一つであっただろう。

森の小鳥たちは鳴き声を使い分けて会話していると考えられているが、人類もその程度の会話は可能であったであろう。

目と並んで知覚器官として重要な役割を担う耳について少し話してみたい。ご存知のように音声は音波（空気の振動）として耳の聴覚器官に伝わる。音の高低（周波数）に応じて並んだ微細な受信細胞で音波が捉えられると、それは電気信号化され、端末および中枢神経を経て大脳に伝わるという仕組みになっている。動物の種類によって違いはあるが、一定の周波数内ならその音を識別することができる。受信細胞はいわば鍵盤みたいなもので、音波が強弱をつけてその鍵盤を叩けば、それが脳に響くという仕組みになっている。

また音波には波形の異なる複数の周波が含まれており、様々な音色をかなでる。

風や雨の自然音、動物たちの鳴き声、人の声や作業の音、なかには快い音もあれば不快な音もあり、時には恐ろしい音も含まれる。小さな物音から大きな爆発音まで音源は至る所に存在している。また人類は手あるいは石や木で色々な物を叩いて音を出したり、音を声で真似たりしたであろう。やがて、いつの時代か全く見当がつかないが、人類は楽器を作り、そのリズムや音色に合わせて歌ったり踊ったりするようになった。ところで、踊りはリズムに合わせて体を移動させたり回転させたりするが、その体のバランスを保つ平衡器官が、なんと今述べた聴覚器官と同じ耳の中で隣接しているのである。これは偶然ではなく、配置の妙ともいえる。もっとも、すべての感覚や知覚情報は頭部という狭い部屋に収納されているので、この配置もあまり不思議なことではないのかもしれない。

これまで人類の直立歩行やことば以前の伝達手段などについて検討してきたが、次は、哺乳類や鳥類などを念頭において、その生態を観察しながら、人類の原初的な姿に迫っていきたい。

動物たちは単独あるいはツガイで、または群れの形で、それぞれのテリトリーを持ちながら生活している。その生息地域には複数の類や種が住み着き、食物連鎖という厳しい状態のもと、お互い競合しながら餌を求めている。餌の獲得と身の安全はどちらも命に係わる問題で、動物たちの知恵の出しどころである。多くの動物は夜間は眠りにつき昼間に活動するが、昼間をさけ夜間に活動する夜行性の動物も少なくない。また、平原地帯や森林地帯では多くの動物たちの姿がとらえられているが、その中の幾種類かは砂漠地帯や極寒地へと進出している。過酷な地理的・気候的条件に適合した驚くべき進化である。猿人もアフリカからユーラシアへと進出しているが、その痕跡は温暖な南方で多く発見されているようである。

　動物たちが弱肉強食の世界で生き延びていくのは容易ではないが、個体数の減少をくいとめるための唯一のチャンスが彼らに与えられている。それはほぼ年一度の繁殖期である。陸上の場合、だいたい植物の開花期や結実期に合わせて草食動物たちの繁殖活動が盛んになり、彼らの子育てが始まる頃に合わせて肉食動物の繁殖活動も盛んになる。また、魚たちも決まった時期になると海岸や川岸に集まり、集団で産卵することはよく知られている。潮位や水温が産卵に関係しているようである。成長した動物の性本能にもとづく行動とみなされるが、経験的に季節を学習しているとも考えられる。

動物たちの餌や繁殖に対する欲望は体内からの自然な要求であり、脳はそれを感知し、種独特の方式で解消しようと努める。つまり、脳は内なる要求に一時的にせよ拘束され、その解消を促されるのである。動物たちは餌を探すために、視覚はもちろん鋭い聴覚や嗅覚を動員する。知覚情報は脳に記憶されており、餌の在りかを探したり身の安全を図るために使われる。また、メスが発情期を迎えるとオスの求愛行動が始まるが、この求愛の成立も成長ホルモンや性ホルモンによるもので、脳によってコントロールされている。人類も哺乳類の新参者として、同系の生理システムを体内に持ち、内からの生理的要求に対して解決策を講じなければならない。活動と睡眠、飲食と排泄、生殖と子育てなどの諸行動は脳による人体のコントロールを示している。人類はどう考えても動物であり、いくら文化や社会が発展しようとも、人間から動物性を取り去ることは不可能である。

そして、内なる要求はすべて外界において遂行される、というのが原則である。空腹の時に食べ物を想像しても、空腹は解消されない。どんなに修行を積まれた行者でも、例えばお釈迦様でも、空腹を解消するためには世俗界へ托鉢に出ざるをえない。動物も人間も口で食べるが、口に入れる食べ物は外界にしか存在していない。もともと個体は外界の食材を養分として摂取しており、外界への働きかけなくして生命の維持も成長も不可能なのである。

その外界を自然とみなすなら、生命も自然の一部であり、生命を産み落とす母体とその相手と、彼らを取り巻く人間関係も、自然の中に含まれている。その社会を養う地域一帯が、生活圏としての外界である。その生活圏を特徴づけているのは地理的（気候も含む）条件であり、そこで生育・生息している様々な植物と動物たちである。人類はその限られた生活圏の中で、住みかを定め、食糧や水を調達してきた。彼らの欲求が充足されていれば、いつまでもそこに留まったであろう。あるいは、自然災害や食糧危機などが原因で、その居住地をやむなく離れ、新天地を求めて放浪したこともあろう。

動物たちは文化というものを特に持たない。彼らはテリトリーをめぐって同種族どうしが争い、オスたちはボスの座やメスをめぐって争う。だが、その争いは一定のルールのもとで行なわれているので、それを人類の規範に当たるとしても、文化とは言い難い。仲間どうしの争いはしばしば起こりうるが、それより捕食者に対する防御のほうが動物たちにとっては厄介な問題である。彼らは捕食者の目を欺くために保護色や擬態など様々な工夫を凝らしたり、独得の集団行動で対応したりしている。逆に捕食者たちもそれに負けじと巧妙な罠をしかける。また子孫を残すために工夫を凝らす小動物も多く、動物界には様々な進化の痕跡が見られる（その点、植物界の戦略の方も負けず劣らずである）。その痕跡はそれなりに見事というほかないが、動物たちは一定の進化を遂げたあと、そのまま自然界の中で世代交代を重ねてきた。おそらく人類も脳の発達がなかったならば、猿人のまま世代交代を重ねたかもしれない。しかし、人類は脳の発達によって他の動物たちには見られない、もっと複雑な習慣や文化を作り上げていったのである。

以前、チンパンジーやゴリラなどの猿たちが二足歩行とことばを学習し、人類に取って代わる「猿の惑星」というSF映画があった。人類は核戦争でほとんど死滅してしまい、その子孫は野蛮人として檻に飼われ、衣類は身に着けているがことばは話せないという設定だった。しかし、滅びゆく人類の文明と猿たちの新たな文明は進度の差こそあれ本質的には同じである。ただし、猿たちの方がより素朴で平和的に見えた。映画では、その地に一艘の宇宙探査船が漂着し、乗組員たちは崩れ落ちた自由の女神像を発見して、そこが自分たちの故郷だと知って愕然とする。そのとき船長が吐いた「人間ども、地獄に堕ちよ」ということばが印象的である。

映画は、船長たちが猿の学者夫婦の協力を得て捕らわれの人たちを解放する救出劇で終わっている。宇宙船が探査に出かけている期間に、愚かな核戦争によって人類が破滅し、その間に地球が猿の惑星と化すこのSF作品は、人間文明に対する皮肉が込められていて刺激的ではある。しかし、野生の猿にその役割を担わせるのは実験的で面白いが超現実的である。なぜなら、猿たちの容姿に進化の形跡が見られないのに、学問など文明の知識を身に着けているからである。それともこの作品は、文明の末路に突き進む人類に対して野生時代に戻って再出発するよう促しているのだろうか。なぜなら、猿たちは別種の猿人とも見なせるからである。野生と文明の関係を見てみると、人類の数百万年の足跡のうちほとんどが野生時代で占められており、文明時代はわずか一万年未満にすぎない。主に採集で食糧を獲得し、石をあまり細工せずに使用していた時期を野生時代、農耕や牧畜を開始し、青銅器や鉄器を使用し始めた時期を文明時代として、区分することは可能である。

ことば以前のテーマから話が逸れるが、野生時代と文明時代のことばの違いは、ことばの可視化、つまり文字の発明が分岐点となっているように思われる。ことばは人の心理に影響を与え、人の行動を左右する力を有しているが、それだけで文明を築くことはできないだろう。旧石器時代の末期にたとえ呪術や祭祀にことばが使われたとしても、それが文明に繋がるとは思えない。ちなみに、近現代の人類学が調査した未開社会はトーテミズムの状態にあり、ほとんどが無文字社会であった。文字の使用を文明の一つの指標とすれば、彼らはまだ野生の段階にあったのである。文字とは視覚記号であり、それは非言語的な技術を用いて実現されたものなのである。

さて、見ることのない未来の世界を描く物語もあれば、見たこともない過去の世界を描く物語も存在する。後者には神話やお伽噺などがあり、旧約聖書の「創世記」もそれにかなり近い。その冒頭部分は、人類史以前の原初の自然を物語っているので、神が創造した世界を作者がどのようなイメージに基づいて描いたかを検討することにする。

まず原初の世界として、暗闇の空間と淵（深い水の層）と神の霊（スピリット）が登場する。つまり、空間と水は原初から存在していた自然物で、この神による創造物ではない。生命の源となる空間中にある空気とその下にある水は、神と同等であったことになる。暗黒の世界だったので、まず神はことばで「光」を呼び出し、昼と夜とが交替する一日を造り上げた。万能の神がなんのために光を必要としたかは謎であるが、読み進めるうちに、それは神自身のためではないことが分かってくる。ただし、まず光を求めたのは、その重要性に気付いていたからである。

次にこの神は水の層を上下に分けて大空を造り、下の水は一カ所に集めて陸を露出させ、大空を天、陸を地と名づけた。実はこの陸地も水の底に隠れていた原初の存在物である。上にある水の層は、雨や雪となって地を潤すように配置されている。続いて植物を地にはえさせ、また季節や年月（暦）が分かるように、新たに太陽と月と星々を天空に配置した。その次に魚と鳥たちを、その後に獣や「家畜」などの動物を造り、最後にそれらを治めるようにと、この神は自分の姿に似せて人を造った。これが天地創造の中身である。つまり神は、人類のためにわざわざ天地を創造したことになる。人間のいない自然界は意味をなさないと作者は考えたのかもしれない。

こうして創造された現実世界はこの神の抱くイメージのコピーであり、人間は神自身のコピーであった。神の抱くイメージはいわば設計図に当たり、ことばで世界を創造するためには、前もってそれが霊の頭の中に準備されていなければならない。そして、現実の世界は当然、神のイメージと合致するはずである。幸いにも、神が創造した世界は時を経て作者の眼の前に存在している。そこで彼は、眼にしている世界のイメージを元にして、神が創造する世界の設計図を考えたのである。この逆説的な発想は人間の肉眼が証拠立てている。我々は限られた視野のもと遠近法に従ってこの現実世界を見ている。巨大な太陽は遠方にあるため月ほどにしか見えず、太陽の仲間である恒星は小さな輝きとなって夜空を飾っている。作者は、この人間の眼差しで見た現実世界の絵画的イメージを神の世界創造にそのまま移し替えたのである。この神には太陽と地球の関係といった宇宙的な天文観はなく、ただ一地点から世界を天地として静的に眺めているにすぎない。（ちなみに、この見方は天球説や天動説の元となっている。）

暗闇のなか神の霊が漂う淵という原風景は、次のような現実のイメージからも連想できる。まだ夜が明けきらない朝靄が立ち込める大海原のシーンである。やがて東の空から朝日が昇ってくるのを待ちながら、神の霊は「光あれ」と呟いた。もしこの豊かな水の惑星が地球ならば、太陽はすでに生命を育み、水中には様々な古生物が生息していたことであろう。もし光、つまり太陽光が存在しない暗黒の世界なら、地球も存在していなかったであろう。いずれにせよ、ことば（空気の振動）で光（電磁波）を呼び出すことは自然の原理にも、ことばの本質にも反するのである。

光は人間の眼に外界の事象を写し込んで、ことばを成立させる必要条件である。ことばは事物や現象を造るための道具ではない、人の脳（あるいは精神）にイメージを喚起させせるための重要な手段の一つなのである。（作者は現実世界のイメージを元にして非現実的なイメージをことばで表現できる、これが創作の一つの基本である。）

次に問題となるのは、人間は肉体を備えた神のコピーという発想である。肉眼では見えない神の姿は、人類の産みの親なので、人間の原型であるはずだと判断したのであろう。しかし、これも現実の人間のイメージを原初の神の姿に移し替えたにすぎない。見えない神の姿を特定する手掛かりは現実の人間にしか見当たらないからである。アダムの時代からかなり降ったノアの時代に次のような挿話がある（第六章）。この神の息子たちが人間の美しい娘たちをめとって子供（巨人）を産ませており、彼らは後に勇士として有名になったという、ギリシア神話を髣髴させる内容である。ヘブライ人の神にも家族があったとは驚きであるが、人類以前に超人的な神族が存在し、人類と共存していたという神話は他にもかなりある。人類が神の被造物あるいは近縁種族とする考え方は、動植物を一族の祖と考えるトーテミズムを嫌い、出自を霊的な神に求めたのであろう。

以上は「創世記」第一章についての一つの見解にすぎない。天地創造は彼らの神の偉大さを印象づける前口上であり、真の意図は第二章から始まる神話的年代記にある。

ついでながら、神のことばを狂信的に持ち上げたのが「福音書」の作者の一人ヨハネである。「ヨハネによる福音書」の冒頭文は次のように始まっている。「初めに言（ことば）があった。言は神と共にあった。言は神であった。言は初めに神と共にあった。すべてのものは、これによってできた。」

ことばと神を共に賛美するこの唐突な文は、「創世記」の冒頭を念頭において読めば、容易に理解されよう。ヨハネはことばによる神の作業をイメージして上記のような表現をしたのであろう。さらに神はアダムに向かって、動物たちに名を付けるよう命じている。人が神から命名権を引き継いだことになる。ヨハネは、ことばによって人類は動物から人間に生まれ変わったと強く感じたにちがいない。しかし、現実の人類史は「創世記」やヨハネが想像した姿では進行してこなかった。彼らの冒頭文は神話から想を得た虚構であり、自然の原理やことばの本質に全く反するものなのである。

ヨハネが聖職者であれば、祈りや布教・説教の場において神（ヤハウェとイエス）のことばを常に意識していたにちがいない。他にもことばで人に影響を及ぼす職業人は古代から数多く存在していた。祈禱師・祭司はじめ呪術師・占い師、吟遊詩人・語り部、政治家・思想家、演劇人・物語作者、話術師、はたまた詐欺師など、数え挙げればきりがない。彼らは想像力とことばを駆使し、自分の意図が受け手に伝わるように心掛ける。正しく伝われば、それで一応成功したことになる。しかし、表現者たちは自分の想像したイメージを表現するだけで、ことばを創造しているわけではない。ただ、すでに形成されたことばに依拠して表現しているにすぎない。この原則は、ヨハネに限らず全ての言語使用者にも適用される。

かつての人類には、動物たちと同じく「ことば以前」の時代が長く続いていた。やがて進化しことばを使うようになったが、当初は簡単な伝達手段として用いていただけであろう。従って「初めにことばありき」という発想は、おそらく「ことば以前」の人類史が過去に存在したことに全く思い及ばなかったことを意味している。「創世記」の作者も同様で、人類は神からことばを伝授されたと考えたに相違ない。そのため、「ことば以前」の人類史は闇の中に葬り去られてしまった。ちなみに、原初の世界が暗黒やカオス（虚空、混沌）の状態にあり、そこに始原の神が現れて天地や人間を造ったという神話は、古代メソポタミアやエジプト、ギリシアだけでなく、インドや中国、日本を含め、その他多くの地域で流布していたであろう。それらも初期人類の存在を知らず、初めに神々を登場させており、その点同罪と言えよう。もしこのイメージがヨーロッパやアジアに限らず、他の地域でも共有されていたとすれば、まさに世界的な共同幻想ということになる。

神のイメージについても簡単に触れておきたい。神話における神々はなぜか男神・女神と性別されている。それだけでなく、神々は親族を持ち、世代交代もする。これは明らかに、人間の男女や血縁集団を反映したイメージ以外の何物でもない。また神々は強靭な肉体を持ち超人的な能力を発揮し、文字通り神出鬼没の活躍をする。これは人間の非力の裏返しであり、不可能を可能にする魔力への強い期待を表している。霊として現れる旧約の神は、むしろ極めて例外的なのである。このイメージは、肉体から離れた死者の霊を想起させる、アニミズム的な発想に基づいている。なぜなら、人の姿は神の姿に似ており、逆もまた真なりだからである。以上のように、人間の空想というものは、現実の世界や生々しい願望に根差しており、だから非現実的な虚構であっても、面白さや価値が見出せるのである。

ついでながら、この旧約の神はその後、ユダヤ教の唯一神として収まるが、紀元後二つの分身となって歴史に再登場する。一つは聖霊としてイエスを生誕させ、もう一つはアッラーと名を改めて商人ムハンマドのもとに現れる。そして、キリスト教とイスラム教が創設され、今も世界的に厚く信仰されている。この二つの宗教は西洋と西・中央アジアの文化圏内の精神的バックボーンともなっており、絶大な権威を保っている。一方、理性の分野である西洋の哲学や科学もルネサンス時代にある程度の興隆を見せたものの、この二つの宗教には力及ばなかった。また、キリスト教も宗教改革によってローマ教会からプロテスタントが分裂したが、哲学と科学にチャンスが巡ってきたのはやっと近代に入ってからであった。

その例を挙げると、哲学の分野では啓蒙思想と自由民権運動が興り、科学の分野ではガリレイたちの地動説を踏まえた天文学、もう一つはダーウィンたちが提唱していた進化論が歴史に登場した。後者の進化論は、動物の系統的進化を明らかにし、人類もその中に位置づけられた。この時点で初めて、神に隠されていた初期人類の存在が公となった。しかし進化論は、キリスト教会からは人間の尊厳を傷つけるとして忌避されてしまった。その後、生物学は生物考古学や分子生物学へと深化し、生命科学への道を切り開いた。天文学の分野では、地動説が教会によって厳しく弾圧されていたが、大航海時代のおかげで、大地は地球であることが実証された。地球は一惑星となったが、生活圏から見る天地の景観が変わったわけではない。神の古典的な夜空は都会のプラネタリウムに再現されている。天文学は天文光学や宇宙物理学へと拡大しており、太陽系は銀河系に吸収され、宇宙の構造が少し分かりかけてきた。そして、原初の暗黒世界はブラック・ホールとして発見されたのである。

近現代の科学が目覚ましい発展を遂げたとはいえ、生命や宇宙の謎を究めるのはなかなか難しく、その虚をつく形で神の概念は活き続けている。人間の脳科学なら宗教や言語の本質を解明できるのではないかと、研究の成果を期待したい。


さて、人類がまだことばを持たない進化の過程にあったという事実と、人類が出現する以前に神がすでに世界を創造していたという神話は、矛盾していないが、「創世記」のように「ことば」で創造したと語るのは言語の本質からして大変問題がある。そして、神が創造（想像）した世界はすでに進行中で、神といえども時間を後戻りさせることはできない。皮肉なことに、その現実世界をどう乗り切って行くのかが、神の次の課題となり、宗教が生まれたのである。神話も宗教も文明時代の歴史的産物でありながら、人類の過去を都合の良いように創作したわけである。

なぜそうなったかについては、その時代の人間心理を研究しなければならないが、当時の資料などから真相を追うしか方法はなさそうである。人類の進化は、他の動物と異なる生活手段や方策を見出した点にあり、人類の目標は、まず生き続けていくことであった。では、神話が人類の目標を定めたかというと、それも当たらない。なぜなら、神話の神々は人間を創造しながら、その動機や目的については何も語っていないからである。そもそも神話は人間の創作によるものなので、神々にそこまで語らせることはできなかったのである。せいぜい自分たちの守護神を信奉し、律法を作ってそれを遵守するしか方法はなかったのである。

人はみな「ことば以前」の状態で生まれ、時間をかけて生活習慣やことばを身に着けていく。人類の祖先は長い年代を掛けてことばの使用を可能にしてきたが、成長期にことばを学習するのは我々と変わりない。また、人類はその時代の社会通念や思想を子孫に語り継いできたが、それだけことばは人間の心理に強い影響を及ぼしてきたのである。生命誕生から四〇億年以上も経っている話であるが、人間の遺伝子には進化の過程が刻み込まれており、ことばを統御する脳の働きも進化がもたらしたものである。ただし脳は、人間の生体全般を統御する中枢であり、ことば以外の多様な能力も発揮できることを忘れてはならない。

第二章　ことばと火

原人（ホモ・エレクトス）が出現したのは一五〇万年前頃という説がある。彼らはアフリカやユーラシアに猿人よりも広く拡散していたようである。また、彼らの脳容積は猿人の約一・五倍、現人類（ホモ・サピエンス）の約三分の二まで成長したと計測されている。これは発掘された人の頭蓋骨を時系列に並べ、その容積を比較したものである。猿人や原人の脳がどのように機能していたかは、現代人の脳から推測するしかない。また、猿人や原人たちがいつ出現し、いつ絶滅したかも正確には分からないようである。気候変動や自然災害、食糧危機などに見舞われ、絶滅してしまった種族もいたことであろう。

現人類につながる彼らの脳容積の増大を、生物学的にみて、突然変異あるいは緩慢な変化にせよ、進化と呼んでも問題はないと考える。現人類（新人）の前にネアンデルタール人などの旧人が存在していたことも判明し、原人から旧人へ、さらに現人類へと進化は少し加速したように見える。旧人は約二〇万年前、現人類は新しい調査では一二万年前頃に出現したと推定され、両者が混血した形跡も確認されている。もしその一〇万年間で現人類の脳が進化したとするなら、諸地域における多様な文化や文明の発祥の引き金となったことは確かである。ただし、文化や文明の発展はその後の人類史であって、それを生物学的進化と混同してはならない。

人類史は大別して未開地域（氏族・部族型）と文明地域（都市・国家型）という、生活様式の違う二つの社会に分裂してしまい、未開社会が一方的に文明社会に食い荒らされる時代もあった。しかし、これは未開社会から技術的・産業的に発展した文明社会の、誤解に基づく暴挙であった。文明人は自分たちがかつて未開人であったことをすっかり忘却してしまい、過去の本当の姿を神話という虚構で塗りつぶしてしまった。その大きな原因に、自分たちの出自を神の被造物、すなわち末裔とする神話を民族誌の冒頭に置き、それに年代記を無造作につなぎ合わせてしまったからである。さらにその補強に宗教が一役担わされたケースもある。旧約聖書に描かれたユダヤの民族誌と、それを教典化したキリスト教がそのよい例である。人類史の科学的、考古学的検証などは、とうてい思い及ばなかったであろう。

話を原人の時代に戻すとして、彼らは旧石器時代のさなかにあり、その時代に女性の生理的変化や男女の役割分担などが始まったとする資料がある。だが、それはあくまで古代社会に至るまでの出来事だと考えた方がよい。なぜなら、彼らの集団規模や成員の数が把握できていないからである。雑婚的な群れ社会であったと推測されているが、母子や兄弟姉妹の血縁関係や、群れを束ねる成人層の序列関係などは存在していたはずである。少なくとも出産・育児を担う女性たちは、その立場をわきまえていたであろうし、古代社会における母権制や父権制につながる要素は、すでに存在していたと思われる。

このことは、単独あるいは集団でテリトリーを持ちながら、同一地域に生息する同種の哺乳類たちの生態からも推測できる。メスをめぐってオスどうしの争いが収まれば、時期を経て出産・育児に入る、それが彼らの年一度の繁殖行動となっている。人類の場合、発情期が解消して新たな男女関係が派生するが、基本に変わりはない。この性ホルモンの変異の原因はつかめていないが、当時は群れ社会とはいえ、男女関係に一定のルールはあったであろう。成熟した男女が相手を選ぶ権利とか、それを支配しようとする権力者との葛藤など、婚姻をめぐる厄介な問題はもっと文化が発展してからの話と思われる。

前置きが長くなってしまったが、本題である、ことばと火の使用もこの原人の時代から始まったとされる。ことばの使用は音声によるためその痕跡はなく、頭蓋骨の形状から推測されている。手始めに、ことばと火の繋がりについて話を進めることにする。

火の使用は思ったより古く、百万年前の痕跡がアフリカの洞窟近くで発見されている。焚火跡であるが、周辺に食物の化石や用具などが発見されなかったので、なんの目的に使用されたかは分からない。用途は熱源として暖房や料理に、光源としては夜間の照明などに利用されたであろう。また、危険な動物を追い払うために使ったかもしれない。洞窟の外と内での使い方や煙の排出方法など、分からないことも多い。

他の動物たちが火を恐れて逃げ出すのに、人類はどのようにしてその熱い火を管理できるようになったのか、その経緯はつかめていない。気象条件（落雷や乾燥など）によって突然起こった山火事や野火を何度も体験するうちに、火に慣れ、火の有用性を学習したのであろう。また、燃えている火が雨などの水によって消火できることや、強風によってさらに燃え広がることなども学習したであろう。火種を保管し、燃えやすい素材にその火を移すことから始め、やがては木片や石を利用して発火の技術を発明していったと考えられる。この事実は「ことばの使用」とともに、人類史にとって画期的な出来事だったと言ってよい。

火の使用とことばは人間が考えついた二大技術であり、文明を誕生させる主要因となった。この二つは無関係なようであるが、ことばの発声を担う呼吸器官と火は物理現象として結びついている。火は外界で起きる激しい燃焼であり、呼吸は体内での静かな燃焼に係わる大切な役割を果たす。いずれも空気中の酸素を消費する。呼吸を通じて血液に取り込まれた酸素は体温保持から脳の働きに至るまで、体内のあらゆる器官で消費される。火の燃焼と呼吸作用の関係は以上であるが、どちらの現象も、地球上の空気や水を循環させ、生命の源となっている太陽（太陽系）の統括下にある。巨大な火の球である太陽は地上を照らし出し、一瞬にしてその光景を人間の眼に投映する。その映像はことばを成立させる必要条件であり、また呼吸器はことばの発声を担う主要装置なのである。そして、小さな火も夜の闇の中で周囲を照らし出す。少し遠回りをしたが、火とことばは全く無関係というわけではないのである。

さて、人は空気の中で呼吸しながらことばを発し、空気の振動によって、相手の耳にことばを伝える。これは物性としてのことばである。機能としてのことばは、同じ集団や社会に属する人々に対して情報を与えたり、指示を出したりする、重要な伝達手段である。そして言語は、様々な地域集団において、それぞれ独自の音節用法（コード）によって成立している。従って、部族の言語が違えば、同じ光景や事物を目にしながら、相手のことばは理解できない。ここに言語の本質がまず浮かび上がってくる。ちなみに、地域とは集団が安全に活動できる生活圏であり、集団とはその社会を構成する成員の集まりのことである。

原人の時代は群れ社会であり、いくつかの洞窟を拠点として一定の領域内を食料を求めて移動していたと思われる。石器の技術はまだ細石器の段階にも至っておらず、食料の貯蓄がどの程度で、物々交換が行われていたかどうかも定かでない。やはり、ことばの本格的な発達は、旧人を経て新人（ホモ・サピエンス）の出現を待たねばならなかったように思われる。人類にとって、食物の存在や身の危険を叫び声などで仲間に伝えることは難しいことではない。動物たちが鳴き声で同じことをやっているからである。でも、個々の事物や現象に名を付けて、それを用語法に従って仲間に伝えることばは、人類が会得した独自の技術なのである。それにはやはり脳の発達を前提としなければならない。猿人から原人へ、さらに新人へと続く進化の過程は、現代の幼児にも遺伝的に受け継がれている。そして彼は、人類が数百万年かけて会得したことばの技術を、わずか十年足らずで会得してしまうのである。そこで、ことばの黎明期を幼児の成長期に重ね合わせて、論を進めることにする。

幼児はまず人のことばを、その人物を特徴づける音声として捉えるが、成長するにつれことばとして認識するようになる。つまり、ことばは実体としては音声であるが、同時にそれが知覚対象を指し示す記号であることを認識するのである。その際、自分の眼や耳、鼻や口で、あるいは手足を使って、ことばが指し示す対象を知覚できなければならない。実物が知覚できて初めて、話し手と聞き手との間にコミュニケーションが成立するのである。重要なことは、その対象は実物、すなわち実体を備えた事象でなければならない。幼児はまず養育者の声や顔を識別し、それから自分を取り巻く人物や事物に関心を向けるであろう。

ことばの学習には、生活圏としての外界、そこに生活する人間集団、集団内で通用することば、この三条件がそろっていなければならない。子供たちはその環境の中で生活習慣やことばを学んでいく。集団内で通用することばは、各地域の言語で、彼らの祖先が作り上げた技術である。その成立過程と使用状況は再現することは難しいとしても、出来上がったことばの構造は把握可能である。そのため、先に幼児の例を挙げたわけである。成長するにつれ人体の知覚器官が整えば、後は脳の発達に認知活動は委ねられ、何度も同じ体験を繰り返すことによって、見慣れた世界が様々なイメージとして脳に記憶されていく。知覚対象は自然や人間など、人が意識できる全ての対象を含んでいるが、その全てが記憶されるわけではない。知覚対象はそれぞれ特徴を備えたイメージとして記憶されるのである。また、記憶の全体は新しい知覚体験によって絶えず書き換えられていく、と考えられる。

ことばも知覚体験に属するが、その音声が指示対象（知覚対象）と結び付かなければ、ことばは成立しない。つまり、単なる音声ではなく、指示記号として機能していなければならない。そこが一般の知覚体験と異なるところで、ことば体験と名付けてもよい。そして重要なことであるが、知覚体験もことば体験も事物や事象の存在を前提としており、その存在に先立つ体験ではないということである。つまり「存在はことばに先立つ」というのが原則である。たとえば光（ライト）ということばは、光という現象の存在があって初めて成立するのであって、その逆ではない。「創世記」の作者は光の存在を知っていたから、神に「光あれ」と言わせることができたのである。光は視覚（眼の機能）にとって不可欠であり、ひいては言語の成立にとっては必要条件となる。その意味で、この神はことばを使い始めた人類の原型であり、また人間の精神（スピリット）を神格化した概念と見なすこともできる。

ことばはその音声と指示対象（実はその知覚イメージ）との複合的な結び付きであり、この二つが対（セット）となって脳に記憶される。従って、ことばと知覚対象の結び付きが間違っていたり、曖昧だったりすると問題が起きやすい。ことばが脳内でどう処理されるかは各人各様で、そこにコミュニケーションの難しさと面白さが隠されている。

ここまで記号としてのことばと、知覚対象の必要性を論じてきたが、次にコミュニケーションの実態について考えてみたい。音声言語の時代では、ことばを担うのは人の声であり、形式としては人どうしの会話である。会話には、個性や人柄が最も出やすく、多かれ少なかれ感情がこめられている。実は、人間の言動には常に感情が伴っており、普段それはあまり意識されずにいる。ちなみに、感情には快・不快などの気分的なものから、安心・

不安などの情緒的なもの、さらに喜怒や恐怖などの情動的なものまで、そのカテゴリーは広く、把握しにくい面もある。ことばは人が口で発する意志的行為であるため、話し手の感情と意図がこめられている。聞き手は話し手の語調とことばの内容の両面から心理的影響を受けることになる。話し手は優しい口調で厳しい内容を伝えたり、厳しい口調で思いやりのことばを掛けたりするので、聞き手も語調と内容を区別して受け取る必要がでてくる。それは幼児期のしつけから始まり、社会生活を営む限り、いやでも一生涯続いていく。ことばは伝達手段でありながら、人格や対人関係にも係わる複合的な役割も担わされている。ことばの語調（感情などの表出）については、語り部や役者、芸人たちの話術などが参考となろう。

ことばは会話によって学ばれ、会話によって維持される。この原則は、文字が使用される社会においても変わることはない。もちろん、社会や文化が複雑になればなるほど、ことばの量も増え機能も多様化していく。原人たちが当初どのようにことばを使用していたかは想像しがたいが、自然な姿として、眼の前にある現物を指し示しながら会話をしていたと考えてよい。やがてことばの利便性に気づき、部族内で通用する言語にまで発展させていったと考えられる。そこで初めて情報の伝達手段としてことばが成立したのである。

自分の考えを相手に伝えるには、まずことばで知覚的イメージを相手に喚起させ、それを判断させるのが基本パターンとなる。イメージできて内容が分かれば、賛否や良否の評価、さらに好悪などの心情にも至るであろう。内容によっては、驚喜させたり怒りを買ったりすることもある。会話はお互いの考えを擦り合わせながら進行するが、その内容は人間関係や社会的状況によって様々である。成人どうし、同性どうし、子供どうしで、話の内容はガラリと変わってしまう。また、ことばの誤った選択や聞き違いなどがあれば、話はさらに紛糾するだろう。あるいは話術として楽しむ場合もあるだろう。

原人たちにとって、平穏な日常生活が続けばよいが、時には地震や洪水、山火事などの自然災害や、飢饉、疫病、戦争など由々しき事態が発生する。そんな時、人々は個人的な会話より、体験者や年長者の話に耳を傾けるであろう。脅威や不安を呼び起こす出来事は、後々まで語り継がれていく。またその記憶されたイメージは社会通念となって、それから逃れたいという祈りの感情にもつながっていく。社会通念はことばによって人の感情や意欲を刺激し、判断や行動に様々な影響を与え、生活習慣や社会秩序を維持するためのタブーや掟を産み出すようになる。つまり、人間の行動も自然の事象と同じく身近な知覚対象であり、人々の関心事だからである。こうして、ことばは地域言語として成立・定着していったと考えられる。

さて、会話のことばは、最初は「何がどうした」というような、主語と述語から成り立っていたであろう。それが時代を経て、名詞と動詞の骨格に形容詞と副詞で肉付けする最も一般的な形式に移っていった。形容詞は名詞を、副詞は動詞を修飾するが、いずれの品詞もすべて、知覚イメージか、それに基づく想像イメージである。人類はそれぞれの品詞を数多く増やすことによって、民話や神話などの物語が作れるようになったのである。

物語には変わった動物が登場したり、動物どうしがお喋りしたりする場面も出て来る。現実に起こりえない情景をイメージできるのは、人間が持つ想像力のおかげである。この想像力とことばを使う能力については脳科学に委ねねばならないが、ことばは一つの技術として産み出されているので、ことばの使用自体が人間の想像力あるいは構想力の下で統括されていると思われる。ただし、ことばで表現された会話内容や物語、思想などは、イメージを喚起する力において、想像力と同等である。この点、言語以外の技術や、絵画・音楽などの非言語的芸術に発揮される想像力も、ことばとの比較対象となるであろう。

ところで、人間が記憶する知覚イメージは概略的な印象であって、実在する対象の本質や全体像に迫るには、そのイメージの積み重ねが必要となってくる。いみじくも哲学者サルトルは「存在は本質に先立つ」と言っているが、本質を究めるにはそれなりの努力と能力を要する。しかしそれには限度があり、自然や人間について研究するとき、知覚体験に基づく思考に加え、上述したような想像力や構想力の助けも必要とされるであろう。

その良い例は、理性の分野である科学理論にいくつも見出すことができる。コペルニクスやガリレイの地動説、ニュートンの万有引力説、ダーウィンの進化論、アインシュタインの相対性理論など、近現代の科学的発見は目覚ましい。それらの理論は自然現象の観察や実験と計測から構想されており、先人たちの業績を踏まえながら仮説を立証している。理論はもちろん図式や数式などの手助けも借りて言語化されているが、理論の構想はことばに依存しているわけではない。ことばは仮説や実証結果の情報伝達を担うが、理論の評価はその構想内容によって定まってくる。宇宙や生命などの自然現象にはまだまだ謎が多く、仮説によっては実証する手立ての見つからないものも多いようである。

一方、実証されていない（しようのない）仮説や推論が一人歩きを始めるケースも出てくる。古代社会において、信仰や宗教が絡んで、単なる憶測や空想が流布する場合などが、それに該当する。社会通念あるいは共同幻想として、人々の思考に定着したのが、後のアニミズムやトーテミズムである。原因不明の病気などを呪術によって治療する行為も同じ範疇に属する。それらは一種の迷信や縁起担ぎに相当するが、その社会が破綻するか新しい思想によって打破されるまで、その考えは持続する。人々の考えはことばによって伝達されるので、うっかりすると望ましくない方向に導かれる恐れがある。それが繰り返されることを、過去の歴史だけでなく、近現代の歴史も証明している。

ことばに関する問題は以上に留め、次いで、火のテーマに移ることにする。主にギリシア神話からエピソードを拾いながら論じるが、ギリシア神話も「創世記」とほぼ同じ時代に属する重要古典である。

まず一つは、ギリシアの主神ゼウス（ウラノス、クロノスに続く三代目）が、人類を創造して彼らに火を与えたプロメテウスを罰した話である。プロメテウスはその前に、解体した牛を神用と人間用とに分け、それをゼウスに選択させている。彼は骨を脂身で偽装し、肉の方が人間用となるように細工してゼウスを欺いてしまった。ゼウスの怒りは、神聖な太陽の火が彼に持ち出された件で頂点に達し、プロメテウスはカウカサス山の岩に鎖で縛られて拷問を受ける結果となってしまった。太陽の火は神だけのもので、持ち出し厳禁となっており、火がいかに貴重であったかを物語っている。火は料理のほか、冶金や陶器の制作にも欠かせないものであるが、その火の技術はすでにギリシア神話には織り込み済みであった。なぜなら、ヘーパイストスという鍛冶の神（ゼウスの妻ヘーラーが産んだ子）が登場し、オリンポスの神として活躍していたからである。その時の人類は少なくとも青銅器時代に入っていたことになる。もっとも、女神アテナが甲冑・武具を着けた状態でゼウスの頭から飛び出したという誕生譚からも青銅時代がうかがえる。その時プロメテウスが助産したという説も残っている。

ついでに、ティタン（巨人）族である彼の系譜とギリシア人について触れておくことにする。プロメテウスの兄アトラスは、ゼウスとの戦いに敗れ、罰として天球を担わされていた。弟のエピメテウスは、オリンポス（神々の宮殿）で造られた初の女性、いわば神のアンドロイドに当たるパンドラを嫁として押し付けられていた。プロメテウスの息子デウカリオンとエピメテウスの娘ピュラーは夫婦となり、第二の人類の産みの親となった。というのは、ゼウスが粗暴な人類を嫌い、洪水で絶滅させてしまったからである。舟に乗って難を逃れたこの夫婦がゼウスに頼み込んで、再び人類を復活させたのである（ノアの箱舟と似ていなくもない）。彼らは石を頭越しに次々と投げて、その石をそれぞれ男女の人間に変身させていく。人間の素材が土から石に変わったのが、いかにもギリシア風らしくて面白い。そして、夫婦が生んだ実の息子ヘレーンがギリシア人（ヘレネス）の祖となり、その名づけ親となった。

次の話に移る前に「創世記」にも火に関するエピソードがあるので取り上げてみたい。一つはソドムとゴモラの町が火で焼き尽くされる話、もう一つはアブラハムが息子イサクを燔祭に捧げる話である。ソドムとゴモラは堕落した不義の町として壊滅し、生き残ったのはアブラハムの甥ロトの家族だけであった。そのうちロトの妻はうしろを振り向いて町を見たため塩の柱にされてしまう（神はそれを禁じていた）。町のすべての人間が死滅したため、残った二人の娘はやむなく父の子を宿して子孫を残すことにした。後にタブーとなる近親婚が例外として神に認められたことになる。この事例は、テーバイの王オイディプスの有名な悲劇（父殺しと母との婚姻）と対極をなす話である。ソドムとゴモラは硫黄と火で焼き尽くされたとあるが、瀝青（タール）の産出地でもあったようで、それに引火して有毒ガスが発生し、その一帯が不毛の地と化したせいとも考えられる。

アブラハムの事例は、神が彼の信仰をためしたもので、祭壇は準備されたが神によって供犠は中止された。極めて重大な事例に思われるが、彼の頭の中で構成された論理と考えられる。人身供犠は他の地域で当時行われていた形跡があるが、神はそれを野蛮な行為とみなし禁止したのであろう。この神は自分以外の神や教えを信奉する人々を、上記のように厳しく罰する傾向がある。ここでの火は燔祭という儀式に使われるが、遊牧民は家畜を捧げるのが通例であった。ところでアブラハムはいつの時代の人物だったのか。彼はセツ（アダムの第三子）の末裔であるが、カイン（同第一子）の系譜にその手掛かりがあった。カインの数代後にレメクという人物が登場し、彼の一人の息子が青銅や鉄などの刃物を鍛える職人だったのである。ちなみに他の二人は牧畜と音楽に携わる先祖となったと記されている。そうだとすれば、ノアの登場以前にすでに青銅や鉄が使われており、アブラハムは青銅・鉄器時代に生きていたことになる。ただし、弟アベルを殺害して追放されたカインがどこで妻を得て子孫を残したかは、闇の中である。

さて、話をギリシアに戻し英雄ヘラクレス（ゼウスの子）の話に移ることにする。彼は先のプロメテウスの系譜と深い縁があった。彼がヘーラーのリンゴ園（アトラスの娘たちが管理）から黄金のリンゴを手に入れるために、アトラスに代わって天球を一度担ったという巨人伝説がある。また、鎖に繋がれたプロメテウスをゼウスの許しを得て解き放してやったという後日談も残っている。彼はさらに、イアーソーン（デウカリオンの数代あとの子孫）が中心となって、ギリシア各地から豪勇たちを集めてアルゴー遠征隊を編成したさい、その一員として参加し、大活躍している。

そのヘラクレスが自分の死期を悟った時、彼は薪を集めて自分の火葬壇を築かせた。そして自らその上に横たわり、火を着けさせたのである。火がまわり始めるとすぐにゼウスの放った雷霆が落ち、火葬壇は灰と化して彼は天（オリンポス）に昇った。死者の魂はタルタロス（地下の冥府）へ向かうのが通常だが、彼はゼウスの配慮で神となったのである。古代ギリシアでも火葬の風習があったことを示している。この英雄は誕生の経緯も不運であったし、また華々しい功績を数多く残しながら、死の原因も不運であった。彼は英雄ペルセウスの系譜に属し、いくつもの都市を攻略している。その中にトロイアも含まれており、彼の次の世代にあの有名なトロイア戦争が起きている。十年間に亘るその戦いの九年目を題材にしたのがホメロスの「イーリアス」である。その中にも壮大な火葬場面が描かれている。

主役アキレウスの盟友パトロクロスが敵将ヘクトルに止めを刺され、その遺骸が火葬に付されるときの話である。アキレウスの悲嘆は止むことなく、ヘクトルを討ち取った後にパトロクロスの火葬を盛大に執り行うが、供犠として馬五頭と敵将十二人を同時に葬っている。焼き場は山のように薪を積み上げた特大規模で、全軍挙げての葬送であった。続いて葬礼競技が開かれ、勝者たちには豪華な賞品が授与されるが、その中に貴重な鉄の塊も含まれていた。その後、ヘクトルの遺骸を父王プリアモスが引き取りにやって来るが、彼はヘラクレスがトロイアを攻略したさい、唯一人許されて死を免れた当時の王の息子だったのである。

ホメロスの描く両軍の戦闘は凄まじいもので、青銅の槍や刀は相手の肉を切り裂き、骨を打ち砕いてしまう威力を持っていた。青銅は文明の利器として調理器や農具としても使用されるが、鍛冶場で製造された青銅の武器が人を殺傷し、死者は焼き場で葬送されるとは、まさに皮肉な話である。青銅器の後に鉄器が使われると武器はますます鋭利となり、火薬が発明されるまで刀剣と弓矢の時代が長く続いた。そして銃砲などの火器が登場すると、戦術は徐々に近代型へと移行していった。

近代に入って、光熱源としての火は、石炭が蒸気機関に、また石油が内燃機関に使われ始めたときに、産業に新たな革命がもたらされた。その後エネルギーは電化され、現代に至っている。しかし使用されている化石燃料の、今では地球規模での厄介な環境問題となりつつある。

ことばも火も人類に文明をもたらしたが、文明は人間の欲望を拡大し、所有欲や支配欲を増長させてしまった。野生時代の人類と比べると、なぜか彼らの方がずっと慎ましかったような気がするが、後戻りはできない。このままでよいのか、変わるべきなのか、それが問題である。

第三章　壁画と文字

現生人類の祖先となる新人（ホモ・サピエンス）が出現した時期は、新しい調査によると一二万年前頃と推定されている。また原人に続く旧人は二十万年以前に出現したとされるが、その内のネアンデルタール人は三万年ぐらい前まで生存し、新人との混血が確認されている。この事実は現生人類の進化に一石を投じるものである。新人類はアフリカから数万年かけて中東・インド・中国・東南アジアへと徐々に拡散していき、七万年前頃にはオーストラリアにまで達していたようである。四万年前頃にはすでにヨーロッパに拡散しており、その頃大陸から日本へも渡ってきたとみなされている。アメリカ大陸へと渡ったのは二万年前頃らしい。

ユーラシア大陸に拡散した四万年前の人類は旧石器時代末の採集経済の段階にあったが、

やがて槍や弓矢、銛などの利器を発明し、採集に狩猟や漁撈などを加えるようになった。また集団も、経済活動に合わせて血縁社会に移行していったようである。その時代の住居はまだ洞窟が主だったようで、その生活の場で壁面に描かれた絵画が誕生している。壁画の題材をみると動物や狩りをする人の姿が描かれているので、その時代の記録としても大変貴重である。有名なラスコーやアルタミラの壁画は一万八〇〇〇年から一万二〇〇〇年前のものとみなされており、中石器ともいわれるこの時代もかなり長く続いていた。そして、農耕や牧畜が始まる新石器時代もすぐ近くまで迫っていた。新石器時代には磨製石器や土器も使用され、衣類も縫製され、農耕のための家屋も建てられるようになった。地域によっては、集団規模も血縁社会から地縁社会へと拡大していった。しかし、文明に至るには青銅器や鉄器の製造、文字の使用などの条件が整わねばならなかった。

採集に狩猟が加わった人類の生活がどのようなものであったかは、未開社会の調査報告が最も参考となろう。これまで捕獲が難しかった各種の動物を、手製の利器を使い食料として獲得できるようになったのである。それまでは、動物の骨の髄や死肉などを食べていたが、新鮮な肉や骨が手に入ったことになる。相手も捕獲されまいと身構えているので、人類と彼らとの知恵比べとなる。有効な捕獲技術を見つけるまで、やはり長い時間を要しただろう。それには、動物たちの行動を観察し、それぞれの習性を充分知る必要があった。そうして、人類は狩りを食生活に組み入れたのである。しかし、食料とするには動物を殺傷しなくてはならない。

草食動物たちは群れを成し、季節ごとに草を求めて移動する。肉食動物は自分のテリトリーに入ってきた彼らを捕食する。地域にもよるが、人類も捕食者の仲間入りをし、彼らと競合するようになった。場合によっては、大型動物を打ち倒し、それを食料とすることもあっただろう。極めて血なまぐさいことであるが、狩人たちはそれを習慣としてきた。身近な動物たちは壁画や色々な用具にも描かれている。それらには鳥獣や魚類だけでなく、植物を描いたものもあり、壁画にも落書きのようなものからラスコーの壁画に至るまで技法は様々であった。むしろラスコーのような、大広間のある洞窟に描かれ、また芸術として高い評価を受けた壁画は稀有と言ってよい。自分が見ている光景や事物を、それとは異なる素材を使って描く技術こそ、まず評価されるべきであろう。

壁画は人類史において絵画の原点となった。当時のカンバスは壁や土器であり、線刻で描いたり、塗料を使って描いたりしている。その対象物は眼（視覚）によって捉えられ、描かれた絵も眼によって捉えられる。描かれたものが空想的であっても、実在する対象物のデフォルメがほとんどである。そして、描くための画材は、対象の素材とは無関係であり、それを使用して対象のフォルムや色彩を表現するのが絵画の基本である。色彩に関しては単色でも多彩色でもよく、また単純な線書きでも細密画でもよかった。それぞれの様式は現代の絵画だけでなく、マンガにも通用している。なかでも特に事物を単純化して描く手法が、文字（視覚記号）の発明に結び付いたのではないかと推測される。

次に、絵画とことばの関連について見ておきたい。絵画は視覚と手の協同によって制作され、創作物も視覚で鑑賞される。一方、ことばは口から耳へと伝達されるが、その伝達内容は視覚対象の占める割合が圧倒的に多い。ことばの守備範囲は、聴覚、嗅覚、味覚、触覚などの知覚対象に加え、感情などの心理現象や身体感覚にまで及ぶ。その点、絵画の対象は視覚対象に限られ、絵画自体も視覚の対象となる。ただし、絵画の手法は写実から幻想まで、具象から抽象まで、それぞれの時代に応じて様々な工夫が凝らされている。絵画もことばも、目にしている現実世界と深い関わりを持ちながらも、伝達するのは両者ともイメージである。絵画はまさにイメージそのもので、ことばはイメージを喚起させる手段という違いはある。文章で書かれた古典と、その古典を描いた絵巻が、両者のイメージの違いをはっきりと表している。両者のイメージの違いを合わせて効果を狙ったのが、文章と挿絵の組み合わせである。

絵画は全面的に視覚に依存し、ことばも視覚対象が大部分を占めているが、では視覚が機能するには何が必要とされるのか。それは対象物を照らし出す光（光源）である、と誰でもすぐに答えられるであろう。ものを照らし出す光源が存在していなければ何も見ることができない。「創世記」の冒頭で神が暗闇の中で発した第一声が「光あれ」であったことを思い出してほしい。それほど光は重要な現象なのである。ただし、「創世記」の作者は光源としての太陽の重要性に気付かず、創世四日目にして太陽や月、星々を天空に配置している。光が必要なのは、神ではなく、眼（肉眼）を備えた動物たちや人類の方なのである。

太陽は秒速ほぼ三〇万キロメートルの光を地表に降り注ぎ、存在する事物に反射して眼の網膜にその映像を一瞬にして映し出す。映像は、光源以外はすべて反射光によるものである。ところで、古代人たちの中で、月および惑星が太陽の反射光で輝いていると気づいた人はどれほどいたであろうか。ましてや、遠くで輝く星々が太陽よりずっと巨大な光源であることなど、知る由もなかった。太陽が惑星の中心に位置し、地球上に生命を誕生させ生物を育んできたとは想像すらできなかったのである。古代エジプト人は太陽を神として崇拝していたが、それは太陽が毎日、夜の暗黒から再生して現れるからであった。

余談はさておき、壁画の時代は、昼間の太陽と暗闇で使う火（燃焼光）が光源としてあった。暗い洞窟内では松明《たいまつ》や油脂の灯明が使われていたようである。当初、洞窟に慣れるまでは、絵を描くどころではなかったはずである。その前に彼らは食料の採集や狩りを昼間のうちに片付けておかねばならなかった。槍や弓矢を手にした狩人たちは、太陽のもと藪の中に身を屈め、草を食む動物たちの様子をじっとうかがっていた……というような体験の積み重ねが、壁画を描く契機となったのであろう。彼らは昼間見た動物たちの姿や狩りの様子を脳裏にイメージしながら壁に絵を描いた。その動機が戯れなのか、呪術的祈りなのかは不明である。彼らは、後の牧畜や遊牧の民が家畜を神に捧げる供犠とは別の感情で動物たちに接していたと思われる。彼らが動物たちの姿を生き生きと描写できたのは、動物たちの群れとまた出会いたいという期待感に促されたと考えてよさそうである。

ラスコーはフランス中央部、アルタミラはスペインの北部に位置しているが、洞窟絵画はヨーロッパだけでなく、アフリカやインド、中国や東南アジア各地においても、生態系に基づき様々な動物の姿が描かれたのであろう。その洞窟壁画も、農耕や牧畜が始まって彼らが洞窟を離れて平地に住むようになった地域では、発見が難しくなってしまったようである。しかし、日の目を見た壁画は旧石器時代の貴重な史料となっている。

視覚の対象はもちろん絵画の対象となるが、実在の有無にかかわらずイメージしたものを描写できるので、この点ではことばの表現力と大変似ている。だが、空気や音、臭いや香りなどは眼で見ることはできない。ことばはすべての知覚対象を扱えるので、この点は絵画との違いは明白である。次に、網膜に映った映像は脳内に送られ、光の情報として識別の対象となる。眼を備えた動物たちも皆そうして餌や天敵を識別し、種独特の行動をしている。なかには眼だけでなく、聴覚や嗅覚の優れた捕食者もいれば、また鳴き声をことばとして使える小鳥たちもいるようである。人類の場合、眼や脳は進化の過程でより精巧になり、その結果より多くの情報を扱えるようになった、というのが定説である。

見える対象は形態（フォルム）と色彩によって識別され、物体は半面しか見えなくても立体的に感知される。光の加減や見る角度によって色調などは様々に変化するが、人は同種のものか別種のものかをより詳細に識別できる能力を得るようになった。かくして映像は脳内にイメージとして保存され、人は記憶を頼りに現実と向き合うことになる。ただし、記憶像はカメラやビデオの画像のように正確に記録されるわけではない。残像のような鮮明な記憶もあるが、通常は場面や人物・事物の特徴が印象として記憶される。時には曖昧なもの、デフォルメされた記憶が混ざり込む場合もあり、それは誤認や誤解を引き起こす。絵画の場合はむしろそれが効果を上げる要因となるが、場合によってはことばと同様、顰蹙を買ったり、逆に笑いを誘ったり、評価は人によって違ってくる。そこが描写や表現の魅力であり面白さでもある。

以上は、壁画をテーマとして視覚芸術の成り立ちを追ってきたが、次は文字をテーマに、ことばの視覚化という人類にとって画期的な変革を探っていきたい。

新人類（ホモ・サピエンス）は旧石器から新石器、青銅器から鉄器まで、すべての時代を経験している。ということは、それまでの遅々たる技術の進歩が、彼らによって急に足早になったことを意味している。また新人類は集団で狩猟や漁撈を行う有効性にも気づき、それが後の農耕や牧畜にも活かされたのである。血縁による家族的な結束も強まり、氏族という社会単位が生まれ、さらに地縁社会が形成されたのも、この流れに沿っている。古代文明が四大河川の流域に発祥したのが紀元前四〇〇〇年頃と見られているが、採集・狩猟の時代から見てすでに一万年位は経過している。その間に人類は農耕と牧畜という画期的な生産方式を発見し、地域によっては青銅器の制作や文字の使用にも至っている。もちろん、それらがすべて同時に起こったということではなく、それぞれの技術は近隣地域へと徐々に拡散していったのであろう。

牧畜に関しては、狩猟の経験を活かして、家畜として飼育できる動物を選別し、彼らと共に生活する様式を確立していった。また農耕に関しては、果実や野菜・根菜のほか、穀物をすりつぶして食べることを体得し、その後それらの種子を撒いたり、根を植えたりして発芽させる知識と技術を獲得するようになった。シュメールやバビロニアの最古の創世神話にも、すでに農耕や家畜が登場しており、「創世記」のエデンの園は豊かな果樹園をイメージさせる。そこから追放されたアダムは土を耕す農夫となり、次世代の兄カインは農夫として、また弟アベルは羊飼いとして自立している。

さて、紀元前三〇〇〇年前後から歴史時代にふさわしく、チグリス川とユーフラテス川が流れるメソポタミア南部にはシュメール人の都市国家が複数建設され、またエジプトではフク王のピラミッドで知られる古王国が誕生している。シュメール人は都市の中心に神殿を建立し、居住地の周りを城壁で囲い、両河の間に運河を巡らし、物流のための港も造成していたようである。それらの事業も歴史的に大変重要であるが、彼らが楔《クサビ》形文字を初めて発明し、それを粘土板に文書として残した事実にまず注目したい。その中には創世神話や「ギルガメシュ叙事詩」の断片などの書板が含まれており、またウル王朝の最古とみられる法典も発見されている。

シュメール人の多くの都市は北方から侵入してきたセム語系のアッカド人に征服されたが、文字の技術はそのまま引き継がれていった。それだけでなく、シュメール人の神々もアッカド語に訳され、信仰・神話にも影響を与えていた。「ギルガメシュ叙事詩」もその一つで、都市ウルクの城主ギルガメシュを主人公とする試練の物語である。全体は三つの物語から構成されており、第一話は山男エンキドゥとの出会いと二人で森の怪物を退治する冒険譚、第二話は女神イシュタルとの相克とエンキドゥの死、第三話は不死を求めるギルガメシュの放浪の旅となっている。主人公は長旅の末、目的の人物を探し当て、彼から不死身となった秘話を聞き出す。その話の中に洪水伝説のエピソードが含まれていたのである。ちなみに、シュメール人にも「大洪水伝説」の一部が残されているが、「叙事詩」の中で語られる洪水伝説はアッカド人独自のものらしい。この伝説話は「創世記」のノアの箱舟とほぼ一致しており、洪水伝説はシュメールの時代からすでに存在していたのである。ヘブライの神およびノアの洪水伝説はアッカド語で書かれたバビロニア神話に由来するものと考えられる。

洪水は古代メソポタミアに大きな災害をもたらしたが、一方エジプトにとっては、恵みの洪水となった。彼らは、ナイル河の氾濫で溢れた水を灌漑農地に導き入れて、豊かな耕作地に変えて大きな収穫を得ていたのである。おそらくその財力のおかげで、歴代の王朝は巨大な墳墓や後の王家の墓などを数多く建造できたのである。ところで、メソポタミアにはバベルの塔のような神殿は各都市にあったが、ピラミッドのような墳墓は建造されなかったようである。それはどうも両国の死生観の違いから生じたと思われる。

例えば、ギルガメシュは不死の薬草を手に入れながら、持ち帰ることに失敗してしまうが、これは不死への断念を意味している。他にも金星の女神イナンナ（後のイシュタル）が地下界（冥府）に降りていく話がシュメールの神話に残されている。そのとき女神は地下界の各検問所で身に着けていた王冠や首飾りなどを一つずつ剝ぎ取られ、最後は裸で死に至る。彼女は豊穣の神なので再び地上に呼び戻されるが、死は現世で得たものをすべて奪い去るという厳しい内容となっている。一方、エジプトでは再生への願望が大変強く、人が死んだときの手引書として「死者の書」が作成されていた。この書は、死後の世界にどう対処すべきかが詳しく描かれている。これらオリエント東西の作品は、文字や図で書かれた最古の文献なのである。

さて紀元前二〇〇〇年に入ると、アッカドは南のバビロニアと北のアッシリアに分裂するが、制度や文化はそのまま受け継がれていった。エジプトも下流のメンフィスから上流のテーベへと都を移した中王国に代わっており、地中海のクレタ文明も栄えていた。バビロニアでは、バビロン第一王朝が栄え、ハンムラビ大王は版図を北へ大きく広げていた。彼の治世下、前一八世紀中頃、楔形文字で書かれた有名な法典が石碑として残されていた。ハンムラビはヘブライの預言者モーセよりも約五〇〇年も前の人物で、神から法典を授かるレリーフも刻まれていた。二八二条に及ぶこの法典によると、当時すでに奴隷制度が敷かれており、市民も王族とその家臣たちの階級、兵士と一般市民の階級というふうに区分され、市民権に優劣の差が付けられていた。女性の権利もある程度守られていたが、婚姻などは男性主導型で一夫多妻が認められていた。

法典の構成は、婚姻や養子、相続など家族と財産に関する条文の占める割合が多い。特筆すべきは、兵士たちが兵役義務を条件に、耕地と果樹園が与えられ、平時は農夫として働いていたことである。主に大麦やナツメヤシなどを栽培し、生計を立てていたのであろう。また驚くべきは、当時すでに大麦を発酵させてビールを醸造する技術を持ち、女主人が経営する居酒屋でビールが売られていたことである。その販売規定や資格が数条にわたって記載されている。職業も多様で、商人・行商人のほか、外科医・獣医、理髪師、船頭や大工なども存在し、報酬額や賠償額もきちんと定められていた。近代の都市風景とあまり変わりないようにみえるが、奴隷たちは金銀や牛・羊・ロバなどと同様に取引され、刑罰も「目には目」「歯には歯」の厳しい時代であった。近隣部族どうしの領土をめぐる戦争が支配・被支配の構図を産み出し、社会秩序を安定させるために法典が必要とされたのである。これが文明初期の人類の現実の姿であった。

まだ当時は青銅器時代にあって、槍や剣、弓矢は鋭利に加工され、盾や武具なども工夫され、兵力および経済力が国の強弱を決定づけていたのである。ところで、その青銅器に加え鉄器を使い始めた国が出現した。前一七世紀の中頃、チグリス・ユーフラテス川の源流地域に当たる小アジアの中央部（アナトリア）に誕生したヒッタイトである。彼らは鉄の製造技術を有し、やがて鉄剣や戦闘用の二人乗り二輪馬車を作るまでその技術を発展させていた。前一三世紀の初め頃、パレスチナまで版図を広げていた強大国エジプト（新王国）と戦い、彼らが勝利を収めたという史実もある。ヒッタイト人はさらに、楔形文字を使った粘土板の文書も数多く残している点、まさに文武両道の国であった。しかしながら、エジプトとの戦役後、なぜか忽然と歴史から姿を消してしまった。

そのほか前二〇〇〇年前後は、ヘブライ人がメソポタミアからカナン（パレスチナ地域）へ向かって移動し始め、ヘレネスの最初の部族（アカイア人）がギリシア本土やエーゲ海沿岸へ向かって南下し始めた時期でもあった。その後、前者の一部はエジプトに寄留し、後者はクレタ文明を取り込んでミケーネ文明を興隆させた。そして再び偶然にも前一二〇〇年前後、ヘブライ人は出エジプトを果たし、ヘレネスも最後のドーリア人がギリシア本土を南下し始めた。この両者は前一〇世紀に国家あるいは都市国家を樹立し、その後ヨーロッパ史において最も重要な文化および宗教の遺産を残すこととなった。

以上、古代オリエント地域の歴史を概観してきたが、これらの国々は楔形文字あるいは象形文字を使用した貴重な文献を残していた。王朝を築いた人たちは宮殿内に書庫を設け、重要と思われる文書を粘土板あるいはパピルス紙に書き写して数多く保管していた。文書の保存という点では、粘土板の方がパピルス紙よりずっと勝っており、メソポタミア関連の文献の多さがそれを証明している。楔形文字は古代ペルシア語に受け継がれ、それを手掛かりとしてシュメール語やアッカド語の解読が可能となった。一方、古代エジプトの象形文字は、前一世紀に発見されたロゼッタ・ストーンに併記されたギリシア語を手掛かりにして解読可能となった。そして、この象形文字がフェニキア文字やヘブライ文字に改変され、さらにギリシア文字やラテン文字に改良され、やっと現在のアルファベット（ローマ字）に至った、というのが文字の歴史なのである。

文字が歴史的に出現した時代背景は以上であるが、文字（視覚記号）とことば（音声記号）がどう結び付いているのかを、改めて考えてみたい。

まず絵と文字の相違点であるが、当初は厳密に区別された様子もなく使われていた。なぜなら、絵の対象とことばの対象が一致していればよかったからである。しかし、この絵記号も断片的になったり、逆に複雑になりすぎると、ことばと容易に結びつかなくなり、絵の読み方を相互に共有していないとコミュニケーションができなくなってしまう。おそらくそれが古代の絵文字であり、王朝の書記や文官たちが最初に使用していた文字に近かったであろう。絵文字は、文字とは違うが、王朝のシンボルとして用いた印章や紋章と似ていたかもしれない。その点、自然現象や事物の形象に即しながら文字の形を作り出し、それに音節を載せて読み込ませた中国の漢字は当時の文字としては理想的だったと考えられる。この表意と表音を一体化させた技術は中国以外では発展しなかったようである。インド以西では、ほとんどが表音文字を採用している。

見た物の形象を簡略化する技術はやがて、ことばの音節を表す文字を発明するきっかけとなる。それが楔形文字であり、象形文字であったわけである。だが、この作業は容易ではなかった。音節を構成する母音と子音の組み合わせは、どの部族言語にとっても難しく、整合性を欠いていたようである。特に子音の後の母音が省略されていたり、母音に相当する文字が複数の音を兼ねたりしていた。しかしそれは、アルファベット化された現在の文字にも同様のことが起きているので、欠陥とはいえない。原則は、どの言語の文字も、ことばの音声を視覚記号に変換したものであり、その文字がどう発音されるかが分からなければ、文字は理解されないということである。つまり、文字はことば（音声）として読み込めなければ、意味不明の記号の羅列となってしまう。このことは、古代文字の解明に従事した研究者たちが一番よく知っている事柄である。

文字を読むという行為は、変換されたことばに戻り、それを耳で聞くということに等しい。会話の場合は、相手のことばを聞くが、読む場合は、自分で黙読したことばを聴いていることになる。もちろん、他の人に読んでもらっても、自分で声を出して読んでも、本質的に変わりはない。文字が読めてもそのことばが理解できないケースも出てくるが、それはことばの学習に応じて徐々に解消される問題である。文字を読むという体験は、ことばを聞く体験に還元されるので、文字はことばを介して知覚イメージを喚起するのである。人類はことばという音声記号に加え、さらに文字という視覚記号を作り出した。ことばは発した後すぐに消失してしまうが、文字は書き込まれた素材が破壊されないかぎり記録として残る。どうやら、ことばの簡便性と文字の存在感が歴史時代を産み出したようである。文字で書かれた文書は記憶の視覚化なので、記憶の曖昧さからは抜け出すことが一応できたわけである。

さて、ことばが流通したように文字も普及したかというと、事情はかなり違ったようである。日常生活は、人どうしの会話だけで済ますことができるので、庶民と呼ばれる人たちは、文字とはあまり縁がなかったようである。古代において、文字を使い始めたのは王朝などの特権階級に属する人たちで、だから貴重な書板や紙、筆やペンを消費することができたのである。次に、交易に従事する商人たちが取引の記録として文字を使用し始めたようである。バビロニア時代を参考にすると、当時は農牧業が生産の主流をなし、大麦などの農産物も、金銀と並んで貨幣のような役割を果たしていた。貨幣はまだ鋳造されておらず、金銀は重量で、穀物は容量で量られ、価格の単位となっていた。この物々交換の時代でも取引が盛んだったのか、商人たちも確かな契約を求めたのであろう。「ハンムラビ法典」でも、契約を伴う取引を奨励・承認していた。文字は王朝内に留まらず、商取引の世界へまず広まっていった。現在のレバノンを拠点として海上交易を行っていたフェニキア人がアルファベットの原型と目されるフェニキア文字を考案したのも肯ける。ただし、一般人がどれほど文字を知っていたかはよく分からない。

ところで、言語（ことばや文字）を認知活動や情報の伝達手段として共同体に根付かせたのは、人類の進化した脳力、すなわち人間の構想力による。この構想力のおかげで工芸技術が発展し、数々の生活必需品が産み出されてきたのである。そう考えると、ことばは音楽に次ぐ聴覚芸術であり、文字は絵画に次ぐ視覚芸術と見なしてよさそうである。この二つの技術は、外界の現象のみならず、脳裏に浮かんだイメージも伝達することができる。つまり情報に関しては、現実に起きている事柄だけでなく、以前に体験したことを想起して話題にすることができるのである。しかし注意すべきは、人間には言語を介さない体験も脳に記憶されているという事実である。例えば絵画や音楽、舞踊や遊戯などの体験、また見慣れぬ光景や場面に遭遇した時の体験などは、非言語的と言ってもよい。それらの体験の概要は言語で伝えられるが、非言語的活動および言語活動とも、人の脳に備わった構想力によって統御されている。もちろん、構想力には個人差があるが、その時代の社会通念や慣習の影響は免れえない。

いずれにせよ、ことばだけで伝える時代と、ことばと文字で伝えられる時代では、文化に大きな違いが見られるのは確かである。後者の場合は、その当時の人たちが何を考え、どう行動していたかを想像させる手掛かりを与えてくれるが、前者の場合は、口承なので時代の推移とともに消滅してしまう可能性が大である。古代社会の文献の多くは、洋の東西を問わず王朝や時の権力者たちが残したものであるが、神話などの文芸作品も少なからず残されている。

文字の話に関しては以上に留め、最後に古代オリエントの神話についてもう少し触れておきたい。粘土板に刻まれた作品はギリシア神話よりかなり古く、最古の作品だからである。

文明以前のことばの時代や未開と言われる社会を取り挙げてみると、彼らの生活圏や行動範囲は限られており、周辺には未知の領域が途方もなく広がっていた。食料の採集時代か、それとも狩猟時代に入ってからか、おそらく血縁集団が氏族社会を形成した頃に、アニミズムの自然観や、自分たちの祖先は身近な動植物であると信じたトーテミズムが生まれたと思われる。アニミズムは万物に霊が宿るという自然崇拝で、無生物・生物を問わず、特に恵みをもたらす自然物は大切に扱われたと考えられる。おそらくこの霊が、後に擬人化され神として信奉されたのであろう。つまり、アニミズムが母胎となって、神および神話が誕生したということである。一方トーテミズムは、自分たちの祖先が生物、つまり動植物と繋がりを持つという思想である。自分たちは動植物を食べて生活している、という現実的な発想からこの思想は派生したのかもしれない。ある意味で、素朴な進化論の先取とも言える、面白い発想である。彼らはトーテムに関するタブーを作って生活規範としていた。特に氏族間の婚姻にはトーテムが大きく影響していたようである。信仰の対象は神ではなく、トーテムであった。

トーテミズムとは別に、人類の祖先は神々であるという思想が人類史に現れる。神話は、擬人化された大神たちが自然や人類を支配するという内容がほとんどで、異形の神・怪獣の神も色々登場する。自然神を崇拝する信仰から神話は産まれたのであるが、それは文明期に入ってからのことであった。シュメール人の最古の神話によると、まず天と地が生まれ、次に天神（アン）と神々の集団が作られている。アンと母神から次世代の大気の神エンルリと地と水の神エンキが産まれ、エンルリから月神シンと太陽神ウトゥが大神として名を連ねている。金星神イナンナは月神の娘として誕生し、愛と豊穣の神という称号を与えられた。愛とは人や生物を思いやること、豊穣とは作物などがよく実り豊かであることを意味する。つまり、その時代はすでに農牧業が立派に確立していたことを示している。神話によると、神々の仕事を肩代わりさせるために、二柱の神の血から人間が造り出され、神は人類の祖先となった。神々は性別を有し、神どうしだけでなく、人間とも子孫を作れたのである。ちなみに、ギルガメシュは神と人間の混血児であった。（神々の出現と人類誕生の神話は、人類初のフィクションとなった。）

古代人の神話は限られた地域の部族神話で、同じ言語を共有する人々の間でしか理解されない。しかし、強い部族に統合されると、各部族が信仰する祭神の扱い序列は支配者次第となってしまう。例として、アッカドの創世神話を取り上げるので、シュメール人の神話がどう扱われたかが判明するであろう。冒頭は次のように始まっている。

天にも地にもまだ名前がつけられていなかったころ、すなわち世界がまだはっきりした形をとっていなかったころ、男神アプスー（真水）とムンム（霧の姿をした生命力）、女神ディアマト（塩水）だけがいました。（矢島文夫『メソポタミアの神話』より）

真水と塩水の一対の男女神を初代として、四代目になって、やっとシュメールの天神アンがアヌと名を変えて登場する。その次世代に創造者と呼ばれた知恵の神エアが誕生し、なんと神々のトラブルから真水の神を淘汰してしまう。さらに、エアの子マルドゥクによって塩の神も葬られてしまう。系統の末に誕生したマルドゥクを主神にしようとする勢力と、それを阻止しようとするディアマトの勢力とが壮絶な戦いを交えたのである。戦いの結果、反対勢力は敗れ、首領であったディアマトの遺骸（姿は龍）が天地創造のために利用されたのであった。かなり荒唐無稽な神話であるが、このマルドゥクが天地の創造神として、バビロニアの主神となったのである。シュメールではエンリルが主神であったが、エンキに当たるエアの子マルドゥクがエンリルに取って代わったのである。

マルドゥクは四つの目と耳を持ち、口から火を吐く恐るべき神であった。世界を創造した後、彼は天にアヌ、空にエンリル、地にエアを配し、神々を天界と地上界に二分して住まわせた。そして、神の下働きをさせるために、敵将キング（ディアマトの子で司令官）の血から人間が造り出されたのである。どうやら、シュメール人の神話はバビロニア神話にうまく収まったようである。ちなみに、ハンムラビ大王も「法典」の序文でこのマルドゥクを創造神として讃えているが、真水と塩水の二神から三代目については記載が全くなく、単なる伝説と見て系図から除外されたようである。この序は元々、神々を讃えながら彼の功績を数え上げ、彼がいかに偉大な王であるかを示そうとした一文である。彼は自分が神々に連なる存在であり、法典の作成は神の行為に匹敵すると考えたのかもしれない。神々はすでに古代国家の精神的支柱となっており、巨大な神殿がそれを物語っている。

バビロニア時代の神話は、同じセム語系のヘブライ人にも引き継がれていった形跡が残っている。しかし、約千年前のバビロニア神話なので、せいぜいノアの洪水伝説あたりまでである。「創世記」は神々の話ではなく、祖先の誕生とその子孫の物語だからである。けれど、神を人類の祖としたり、神を登場させたりする物語は神話の類と見なしてもよい。神が背後から後光のように存在する場合もある。ヤハウェはムンム（霧の姿をした生命体）に似た霊として登場する。だが、その霊が突然、現実世界をことばによって創造し始めたのである。「天と地にはまだ名前もなく、世界は不定形であった」と、バビロニアの創世神話は語っていたが、ことばで世界を創造してはいない。六日間で世界を創造するという発想は大変奇抜であるが、逆に厳として存在している現実世界は、万能の神のことばを持ってしても消すことは不可能であろう。創世神話は、神を信奉する人たちの想像力を熱く掻き立てたのであったが、いずれも人類誕生以前の世界など知る由もない時代のフィクションなのである。

さて、古代オリエントのメソポタミア地域の創世神話を追ってみたが、バビロニアは文字の使用以外にも、土木建築や造船の技術、さらに天文学的知識なども周辺地域に浸透させていった。北部アッシリアはもとより、小アジアの強国ヒッタイトや、地中海の海岸に拠点を置いて交易に従事していたフェニキア人にも伝播していったのである。バビロニアの文明技術を地中海世界に広めたのはフェニキア人の功績であった。そして、その恩恵を最も多く受けたのが同じく海上交易を行っていたギリシアの都市であった。また、フェニキア人の都市シドンの南に建国したイスラエルもその恩恵に与ったであろう。イスラエル人はその時代から経済面だけでなく文化面でもフェニキアの影響を受け、ヘブライ文字を使用し始めたと考えられる。その点、おそらくギリシア人も同じで、クレタ島由来の線文字からギリシア文字への転換期に入っていたのである。

しかし、両国の歴史はその後明暗を分けることになった。ギリシアは都市国家を何とか維持・拡大していったが、イスラエルは間もなくユダヤ王国が分離した。イスラエル王国は前八世紀にアッシリアに滅ぼされるが、ユダヤ王国は前六世紀に新バビロニアに滅ぼされただけでなく、バビロンに約五〇年間も捕囚されてしまった。

皮肉な事態はさらに続いた。ユダヤ人はペルシア帝国によって解放されたが、その後国家を再建することができなかった。それに対し、ギリシア人は強大なペルシア帝国を撃退し、興隆を極めたのである。ペルシアはシドンやテュルスから水軍をギリシアに向かわせたが、サラミスの海戦で撃破されてしまった。民族の存亡の危機を感じたユダヤ人はエルサレムに再び神殿を建立し、前五世紀にユダヤ教を成立させた。ギリシアがオリエントの覇者になると、彼らは自分たちの民族誌をヘブライ語だけでなく、ギリシア語にも翻訳したのである。それを契機として、後にキリスト教徒の「新約聖書」に加え「旧約聖書」もラテン語化されたのである。以上の例は、文字（書きことば）が話しことばに続く第二の情報革命となったことを示している。その手始めが神を讃える神話であり、法典であった。

新人類が誕生して文字を発明するまで十万年以上かかったが、使い始めてまだ一万年も経っていない。その間、人類は文字を記録手段として、現実の出来事だけでなく、想像したイメージまで書き残せるようになった。そして、残された文献には真実と虚偽、事実と虚構が混在したまま後世に伝わってきた。従って、その文献の真偽を判断し、良し悪しを評価するのは読み手の課題となる。これは、人の話を聞いてその内容を判断・評価する聞き手の立場とよく似ている。その点、「無文字社会」と「文字社会」に違いはない、と考えられる。この二つの社会に「未開」と「文明」を重ね合わせてみるのは誤った方法ではないとしても、情報の取り扱いは共通している。もちろん、人類の身体的欲求の対処方法や、脳が命ずる欲望の追求方法は時代や地域によって多様である。とは言え、未開社会のトーテムと文明社会の神のどちらが人間的なのか、またどちらが抑圧的なのかは、一概に決められる問題ではないのである。

第四章

暦と歴史

人類がいつごろ時の流れと周期性に気付き、それをどう記録したのか、その考古学的痕跡は乏しい。それでも、新人類（ホモ・サピエンス）は暦の概念はもっていたようである。クロマニヨンの名を挙げる人もいるが、彼らは動物の骨などに刻みを入れて日数をカウントしていたらしい。季節が巡って元に戻ることは、植物や動物たちが一番よく知っており、日照時間の長短や気温差などを敏感に感知する能力を備えていた。動物は植物に頼り、植物も動物を利用し、お互いに共存してきた。人類も例外ではないが、植物栽培をする農耕や、家畜の飼育をする牧畜にとっては、暦の必要性は一段と高まったであろう。

それ以前の採集時代でも植物の開花期や結実期で季節を察知し、食用としての野菜や果樹についての知識は豊かになっていき、狩猟時代になると動物たちの出産時期や生長過程などを観察していたと思われる。そして、彼らが毎日を一日と数えるようになったのは、変化のサイクルに気付いた時からであろう。

まず一日は昼と夜の繰り返しから判断できる。太陽は雲に隠れていようと、明るさは夜間の比ではない。日食など人生に一・二度しか起こらない自然現象よりも、毎日の夜の暗さの方が人をずっと不安にさせる。その一日の積み重ねの区切りとして最初の指標となったのは月の満ち欠けで、古代人たちは、夜間の月を観察する余裕は十分にあったのである。新月が少しずつ大きくなって満月となり、満月も同じ速さで徐々に欠けて見えなくなる。彼らはこの定期的な繰り返しを数えることに成功し、これを太陰暦の一月と定めたのであった。バビロニア人が月を太陽より重視し、月神を太陽神の父とした理由や、一日の始まりを日没に置き、日没をもって一日が終わる理由も、太陰暦からうかがえる。

月の周期の次は、季節が巡って元に戻る周期を定めることであったが、これはかなり難問であったようである。その間、星（恒星）の整然とした動きや惑星の不規則な動きも観察されていた。測定すべきは太陽暦の一年に当たる周期である。手掛かりとしては太陽の高度を測定する方法が考えられるが、古代人は夜空の星を頼りにしたようである。エジプト人は、ナイル川の増水と同時に東天に現れるシリウス星の正確な位置から一年を三六五日と割り出したそうである。ただし、ひと月を三〇日と定めたため、一二か月で足りない五日分は神の名を付けて祝日としていた。一方、バビロニア人の場合は、南天に現れる年間の夜空を一二分し、太陰暦の一二か月と比較していたようである。そのさい生じるズレについては、数年間に一度閏月を追加することによって解消し、現在でも通用する太陰・太陽暦が出来上がった。

一年の月数は以上のように定まったが、それでは曜日はどのようにして作られたのだろうか。古代バビロニアの場合は、不規則な動きをする惑星に太陽と月を加えて占星術風に作成した模様である。観測者から遠い順に土星、木星、火星、太陽、金星、水星、月と並べ、この順に世界の支配者が一時間毎に入れ代わると考えていた。彼らは一年を一二分したように夜と昼も一二分し、一日を二四時間に定めていたので、その日の最初の一時間目の支配者が曜日名となった。最初の支配者は土星で、二四時間後の二日目の支配者は太陽（日）となり、続いて月、火星、水星、木星、金星の順となった。曜日名はすべて神の名を当ててあり、これはギリシア人にも引き継がれていった。現在使われている七曜表の原型が作成されたわけであるが、惑星の数によっては六曜日とも、八曜日ともなった可能性もある。週の最初に不吉な土星がくるのを改め、週の最後に移したのは大分後の時代になってからのことらしい。地域によっては週五日制や六日制を採用していた時代もあったし、季節によって労働日と休息日の割合を調節する暦もあったようである。

季節が巡るサイクルに気付いても、それを暦にまとめ、共同体に周知させるのは容易なことではなかったであろう。前三〇〇〇年頃にシュメール人は春分に新年を祝ったとされるが、曜日も含め暦としての体裁が整ったのは、前七世紀の新バビロニア時代になってからという説もある。農耕や牧畜、日常生活にとって直接関係するのは太陽暦であり、太陰暦は海洋の潮汐などの変化を調べる上で重要であるが、季節を反映するものではなかった。そして曜日は、初め占星術的な意味合いが強く、短い周期なので生活にリズムを与える上では役立ったであろう。ただし、太陰暦と曜日は、伝統的な祭礼や宗教儀式の日程を決める際には、後世でも大切な役割を果たしている。ちなみに、ユダヤ教では土曜日を安息日に定めており、ラテン語系のキリスト教国では太陽の日（日曜）を神の日（復活の日）と呼んで休日としている。

また、天空は晴れたり曇ったり、雨や雪を降らし、穏やかな日もあれば荒れた天候をもたらす、予測通りにいかない世界である。農耕や牧畜、商業に携わる人々にとっては厄介な自然現象で、古代人たちが自然の中に神々の姿をイメージしたのは無理からぬことであった。気象や土地など自然環境の知識に通じた人たちが部族の長老として尊敬されるようになったのも、当然と言えよう。共同体の中で一定の地位を占めるようになった彼らは、族長あるいは祈禱師・占い師などの役割を担うことになった。やがて都市や国家が建設された時、彼らは為政者あるいは神官・文官などの特権的な地位を確立していったと考えられる。

現代の常識からすると、一日および一年という不変的なサイクルは、太陽系の存在と、地球の公転と自転（地軸の傾き）が原因となっており、この構図は推定四三億年にわたって保たれている。地球の自転は一日の単位に、公転は一年の単位となり、地球上の時間はすべてこの枠組みの中で進行する。過去の途轍もないサイクルが地球を水の惑星に変え、生命を誕生させており、その結果あらゆる生物が同じサイクルに従って生育・生長してきた。人類もその例外ではないが、時間を自然現象として認識できた例外的な存在なのである。刻々と過ぎゆく時間は、呼吸や心臓の鼓動からも感じられるが、現実には自然現象の細かな変化や季節の移り変わりなどからも時間は認識できるのである。

現代人もオリエントの古代人も地上の一点から同じように世界を眺めている。土地によって景観の違いはあれど、天体の眺めや時間の経過にそう違いがあるわけではない。例えば、太陽や月は東から昇り西に沈むという認識は一致しており、古代人が作った暦や、移動するときの方位・方角は現代でも通用する立派な技術であった。では、どこが異なるかというと、彼らの世界観には地球や太陽系という概念が全く欠落しており、平盤な大地を天球が覆っており、天空には太陽と月、星々が遠くで輝き、その運行が気候や季節をもたらしていると考えていた。また、地下にも世界があると信じており、そこは死者の霊が向かう冥界であった。

ここで古代人の天動説をあえて持ち出したのは、その思想が後世までずっと続き、一六世紀にコペルニクス（ポーランド）が、一七世紀にガリレイ（イタリア）が地動説を発表してもキリスト教の権威は天動説を否定する異端説として禁止し、動じることはなかった。人は遠近法で観測しているため、ある程度は奥行きのある天空を描くことができるが、天空は舞台の背景に留まり、中心はあくまで人類が住む大地であった。大地に天空が付随するという構図を信じていた人々は、地動説が現れても体感的に否定できるし、なんら生活に支障はきたさなかった。「旧約聖書」の天地創造は、神が深い水の層を上下に分けて無造作に（ことばで）創り上げた世界である。二つの水源の間が天空となり、水源の下から陸地が現れるというイメージの世界は、人類が眼にしている原風景に過ぎなかった。そこには地球の姿は見えず、ましてや太陽系や宇宙の構図は皆無であった。それでも天動説は、地動説の方が科学的合理性を有すると証明されても支持され続けていた。天文学者たちは、その後も次々と新たな発見を重ねていった。太陽は地球から一億五〇〇〇キロ・メートルも離れたところにあり、直径は地球の一〇九倍であることも判明した。エジプト人が一年を計測するために選んだシリウス星は八六光年の距離に、ギリシア神話に出て来るアンドロメダ銀河は二三〇万光年も地球から離れた距離に存在している。古代人が見ていた世界とは全く異なる宇宙の構図が出現したのである。

余談はさておき、暦が歴史（ヒストリー）を語る上で重要な時間軸となっていることを次に検討してみる。

シュメール人やバビロニア人にとって神話は確固たる世界観であり、人類の出自を神々に委ね、自らを神々の下僕と位置付けていた。そのような時代であっても、生活にとって必要な知識や技術は遅々たるも確実に発展していった。農耕と牧畜、青銅器と鉄器の技術は、小さな共同体を大きな国家へと変貌させ、彼らが信奉する神々は他部族や他民族に対しては、敵対すれば情け容赦がなかったようである。単なる集団どうしの闘いではなく、破壊と掠奪の伴う大規模な戦争が時々勃発し、国の版図を大きく塗り変えていった。そうした過去の事実を記録する作業がやがて歴史というジャンルを産み出していったと考えられる。つまり、人類の技術の発展や部族・国家の存亡を始め、生活様式や習慣に至るまで、過去に何が生起したかを記述した文書が歴史として成立したのである。それには、これまでの過去と来るべき未来とを意識する時間感覚を持たねばならず、それには年代を示す暦が必要とされたであろう。

古代オリエント国家の為政者たちは自分たちの権威を誇示するために、神殿や巨大墳墓を建立したり、社殿や神託所を設立したりして民衆を統治していた。そのため神官や巫女たちは重要な地位を占めていた。神官たちは天文学や故事来歴に通じ、この時代の知識人として政治を動かす力を有していた。つまり、国家の催事やその日程を上奏し、重要事項の吉兆を占っていた。おそらく作業の性質上、文字や暦は彼らの手によって実用化されたと考えられる。一方、巫女たちは神に捧げられた女性として神事に携わりながら、人々に問われれば霊感による神託を授けていた。神託はことばによって伝えられ、比喩も多く使われていたが、その解釈は信奉者の判断に委ねられていた。神官や巫女たちの占いと託宣は為政者に限らず、民衆にも広く頼られていたようである。

ところで、古代の歴史が正しく伝わるには、遺跡や資料の中に年代の分かる証拠が含まれていなければならない。つまり歴史は、事物や文書に年代が特定できる記載がなければ、推測の域を出ないことになる。そして、人類は古代文明期に文字と暦を発明して、やっと歴史が語れる状態に入れたのである。その担い手が神官や文官たちであり、いわば後の有識者や学者に相当する特権的な人たちであった。しかし、彼らの世界観は、神が世界を支配し、神が人類の祖であると信じた時代を反映したものであった。

神官や文官たちは、王朝の特別な業績や出来事を記録し、文書として残してくれた。王の在位や空白期が分かれば、年代記はつながり、史料として後世に伝わることになる。それらは史実として価値を有するが、いわゆる歴史として書かれたかは、その内容と形式から判断されるであろう。歴史は王朝や国家の建設後あるいは滅亡後に綴られるのが普通である。過去に何が起こり、どう推移したかが中心となるが、書き手の心情によって必ず個性は出るであろう。また、読み手も彼の心情によって個性的に理解するであろう。このことはあらゆる文書に共通する書き手と読み手の微妙な関係でもある。問題となるのは、記事が事実か虚偽かの信憑性であるが、許容できる範囲で読み進めるのが妥当と考える。

以下、旧約聖書の「創世記」と「出エジプト記」を俎上に載せて、神話なのか歴史なのかを検討することにする。この二作品はいわゆるモーセ五書の最初の二巻に当たるもので、民族誌を装っているが、宗教色の強い内容である。また、時代を経て何度か改訂されてきた書物なので、記述がところどころ乱れ、史料としては虚実が入り混じっている。前一〇世紀頃にヘブライ語で最初に書かれた「ヤハウェ資料」が骨格を成し、その約二世紀後に追加された部分を「エロヒム資料」、さらにバビロン捕囚後の前五世紀頃に追加された部分を「祭司資料」と呼んでいる。それぞれ用語や語調、中味によって区別され、例えば「ヤハウェ資料」だと固有名詞のヤハウェが使われているが、「エロヒム資料」だと普通名詞の神（エロヒム）が用いられている。「祭司資料」はユダヤ教の教義を反映させた箇所とされている。ちなみに、第一章で取り上げた「創世記」の冒頭部分は、神が「ことばで創世した」という文脈から「祭司資料」と判断されている。（現代語訳「聖書」では、ヤハウェはすべてロード、つまり「主」あるいは「主なる」と書き換えられているようである）。

では「創世記」から始めるが、創世神話やノアの洪水神話は割愛せざるをえない。ことばで自然界を創造することは不可能であるし、人類は神のアンドロイドではないし、大洪水で全人類が滅びた痕跡もないからである。神話にもそれが作られた歴史的背景があるが、中味は空想物語である。ただし、神が登場する時代は古代文明期であり、人類はすでに農耕や牧畜に従事していた。アダムもノアも農夫であり、ノアは箱舟を作る造船技術や、地上のあらゆる動物種を集められる知識を備えた人物として描かれている。洪水後のノアはバベルの塔を見ているので、アッカド時代かバビロニア時代の人物と考えられる。しかし時代が特定しにくいため、牧畜の民アブラハムから話を進めることにする。

アブラム（後にアブラハムと改名）はメソポタミア南部の古都市ウルから父親と共に中部の都市（?）へと移住してくる。そこから彼は妻サライ（後にサラと改名）と甥ロトを伴ってカナン（シリアの一部とパレスチナ）の地へと遊牧の旅に出た。各地を点々と移動していたが、カナンの地が飢饉に見舞われたため、エジプトに一時寄留することにした。彼は妻が美人であったので自分が殺され妻が奪われるのを恐れ、妻に自分の妹を装うように言い含めていた（腹違いの妹であったようである）。そして、エジプト王（?）に彼女が召された時、彼はその見返りとして家畜や男女の奴隷を受け取っている。だが、この件で王家に災厄が降りかかったため、妻は返され一族はエジプトから追放されてしまう。

その後、パレスチナでも同様の事件が起きたが、その時の王はアブラハムを咎めるどころか、彼を讃えたのである。なぜなら、二つの事件の間にヤハウェが彼の夢に現れ、彼に子孫の繁栄とカナンの領有を約束し、彼はヤハウェの預言者となったからである。同じ行為が詐欺師扱いにされたり、預言者扱いにされたエピソードである。

だが、以上の話はアブラハムという人物を知る上では参考になるが、出会ったエジプト王の名が記されておらず、アブラハムがオリエントのいつの時代を生きていたかが定かでない。しかし、手掛かりが全くないわけではない。概算ではあるが、ある時点に目星を付け、そこから世代計算をすれば比較的簡単にアブラハムの生年が割り出せるのである。まずモーセのエジプト脱出時期を前一二五〇年頃とし、その時の彼の年齢を五〇歳と仮定する。モーセの父と祖父を挟んでヨセフの代があり、さらにヤコブ、イサクと遡るとアブラハムの代に至る。ここで多めに三代百年で次の子孫が産み出されると仮定すると、モーセは前一三〇〇年頃の生まれなので、ヨセフは前一四〇〇年頃、アブラハムは前一五〇〇年頃の生まれと計算される。いずれも伝承・伝説の人物なので、史的推理として許容してほしい。

通説によると、ヘブライ人は前一五〇〇年頃パレスチナに定住し始めたとされる。アブラハムは丁度その頃誕生したことになる。紀元前一五〇〇年といえば、エジプトに新王国が誕生してすでに約半世紀が経過していた。新王国が誕生する以前の約一世紀間は、中王国が衰退し、アジア方面から侵入してきた異民族ヒクソスが、ナイル川デルタ地域を拠点としてエジプトを支配していた。新王国を樹立した第一八王朝はこのヒクソスを駆逐しただけでなく、その後外征を何度も繰り返しながら版図をカナン地域にまで拡大していった。一方、メソポタミア地域では、小アジアからヒッタイトの侵攻があったが、北部にミタンニ王国が建設された。エジプトとミタンニはシリアを南北に分けて交流を深めていった。エジプトはそのほか東地中海のクレタやキプロスとも盛んに交易を行い繁栄していた。アブラハム一族はそのような時代状況下で活動していたと推測される。

ついでながら、アブラハムにはサラが産んだイサクのほかに、エジプト女性との間に一人（イシマエル）と、サラの死後に再婚した女性との間に六人もの子供（ミデヤン他）があった。イサクの他に七人の子供がアブラハムにはいたのである。彼らの末裔はカナンだけでなくアラビア半島の荒野地域にも拡散していったようである。イサクにもヤコブと双子の兄弟エサウがおり、彼はカナンの女性を娶り、その地に残留した。左右を大国に囲まれた中東全体に先住民がどれほど分布していたかはよく分からないが、おそらくセム語系部族が先住民と混血しながらアラビア世界に拡散していったと考えられる。「コーラン」にも、アブラハムがメッカに足跡を残し、彼の子イシマエルの一族もその周辺で暮らしていたことが記されている。

時代は下って、アブラハムの孫ヤコブ一族もカナンの地で飢饉に見舞われるが、この時は息子ヨセフに導かれてエジプトに居留することになった。その時ヤコブは、三人の妻（一人に先立たれる）と一二人の息子がおり、一族の総勢は七〇人程であった。カナンの飢餓により、ヤコブ一族だけでなく、他のヘブライ部族や異民族も流入し、多くのコロニーがデルタ地帯に形成されたことであろう。その中でヤコブ一族は抜きん出た存在であったと考えられる。それはヨセフの数奇な運命によるものであった。ヨセフは兄弟たちの嫉妬から、一八歳の時エジプトに連れて行かれ奴隷として売られてしまう。ヨセフは故あって一〇年間も獄舎に拘束されていたが、夢占いの能力によって国王（？）の信頼を勝ち取り、国政を任される地位にまで登り詰めた。彼の政治的手腕により国の財政は豊かになり、そのお陰でヤコブ一族はデルタ東部に無事居留できたのであった。おそらく、彼らは特別な存在として「イスラエル」と名乗るようになったのであろう。ちなみに、ヤコブとヨセフはエジプトの王族のようにミイラにされて埋葬されている。

エジプトの第一八王朝はその後、黄金のマスクで有名なツタンカーメンの後を継いだ神官と将軍の代をもって幕を閉じた。第一九王朝が成立した前一三世紀の初頭、今度はシリアまで南下してきたヒッタイト軍がエジプト軍と交戦している（カデシュの戦い）。その戦いに参戦し、長い交渉の末ヒッタイトと和平を締結したのがラメセス二世（在位前一二七九〜一二一三年頃）であった。アベ・シンベル神殿などを建立した大王として有名である。そして、大王の後を継いだメルエンプタハ王（在位一〇年程）の戦勝碑に、なんと敵対勢力としてイスラエルの名が刻まれていたのである。戦いがどの地域で行われたかは不明だが、この勢力がかつてエジプトに居留していたイスラエル人を指すとすれば、出エジプトはラメセス二世時代の出来事とみなせるであろう。それで、先程モーセの出エジプトを前一二五〇年頃と仮定してアブラハムの生年を算出したのである（もし別の集団を指すならば、話は違ってくる）。

ヨセフの代がみな亡くなり、王の代も替わってヨセフの記憶も薄れた頃、ヘブライ人に対する圧政が始まった。その圧政期間をヨセフの死からモーセの出エジプトの期間とすると、エジプトで四百年苦しむというヤハウェの予言は大げさで、編纂者による粉飾であろう。おそらく百年未満と推定されるが、苦しみであったことには変わりない。ヘブライの人口増加を脅威と感じた国王（?）が、彼らを強制労働に付かせたのである。「出エジプト記」は、この受難からヘブライ人をいかに救い出したかが描かれており、モーセとヤハウェの対話によって話は進行する。エジプト脱出は、ヤハウェ信仰をモーセの時代に確立する大きなチャンスとなったようである。しかし、モーセと先祖の神ヤハウェとの出会いは唐突であり、彼がなぜ民衆の指導者となりえたかも実際にはよく分からない。

モーセは捨て子としてエジプトの王女（？）に育てられるが、ある時ヘブライ人を打ち据えているエジプト人を殺害してしまう。この殺害事件の噂はヘブライ人社会に波紋のように広がり、モーセは時の人となったに違いない。彼はミデヤンの地に逃れ、そこで祭司エテロ一家と知り合い、彼の娘と結ばれ二人の息子を得ている。

彼はヤハウェの存在を岳父から教えられたのであろう。ミデヤンと言う地名は、アブラハムと再婚女性との間に生まれた子の一人と同名で、その末裔が住み着いた土地とも考えられる。また、次のような事例もあった。モーセが死の危機に瀕した時に、妻が子供に割礼を施し、その血で彼の命を救ったという、文意不明な出来事である。割礼はアブラハムがヤハウェと結んだ契約の一つで、一族郎党（男子）に施す重要な儀式（医療行為）であった。この風習をエテロの娘が心得ていたことは、一家がヤハウェを信仰していた証となるであろう。

モーセは同胞を救う使命に目覚めたが、エジプトの宮廷育ちのためヘブライ語がうまく話せなかったと考えられる。そこで堪能な代弁者として実兄のアロンに白羽の矢が立てられた。モーセは神の役を担い、アロンが預言者の役を担ったのである。ちなみに、この関係を手本として一人二役を演じたのが「コーラン」の作者であった。

さて、先王（？）が亡くなり殺人事件のほとぼりが冷めたところでモーセはエジプトに戻り、兄と共に活動を始めた。二人が長老たちを交えて国王（？）と集団交渉した形跡があるので、ヘブライ人には二人の尽力は伝わっていたであろう。モーセはヤハウェの祭儀を荒野で執り行う許可を国王に求めたが、労働をさぼらせる気かと拒否され、逆に重労働が課せられる始末であった。それならばと魔法を使って次々と災厄をエジプトにもたらし、とうとう許可を勝ち取った。

そして、ヘブライ人だけでなく、他の種族も加えた大集団が一挙にエジプトから脱出し、さらにシナイ半島を南下し、そこで鳴り物入りの祭儀が執り行なわれたのである。全くの作り話と思われるが、ある一団が難を逃れてシナイ半島を迂回した可能性は否定しない。

ヘブライ人を含め、異民族たちはエジプトの圧政に耐えかね、またエジプト国内の大規模な自然災害や飢饉などが理由で自発的に順次エジプトから逃れ、カナンへと北上したと考えられる。ひとまず先祖と同じ遊牧民の生活に戻ったが、彼らがエジプトで身に着けた様々な技術は後の都市建設に役立ったことであろう。しかし「出エジプト記」の後半は、ヤハウェの祭儀を細々と規定する記述に費やされてしまった。ヤハウェの名すら知らなかったイスラエルの民衆に、しかも脱出の混乱時に、律法だけでなく祭儀について細々と説教するとは常軌を逸しているとしか言いようがない。

ヤハウェの律法はいわゆる十戒から説かれているが、当時の社会風習や生活規範から採られたものであろう。モーセの時代より五〇〇年も前に作られたバビロニアの「ハンムラビ法典」と比較して、目新しいものは少ない。アブラハムがメソポタミアを離れた時の社会規範が、一族のエジプト在住によって多少変化した程度であろう。家父長制や奴隷制が踏襲されており、法制史からみても保守的な律法となっている。ただ、律法の内容が慣習法だとしても、神の教えという宗教的な縛りがあるため、法の遵守には厳しかったのであろう。この律法に続いて、アブラハムに約束されたカナンの領有が一方的に宣言される。先住民を追い出し、イスラエル人の土地とせよ、と。これは神の教えでもあり、他部族に対する宣戦布告以外の何物でもない。イスラエル人は神の命令ならば、敵将を討ち果たすだけでなく、敵対すればエリコ（ジェリコ）の戦いのように虐殺さえも行うのである。ちなみに、実行したのはモーセの死後あとを継いだヨシュアである。このやり方は強大国と同じで、人を殺してはならぬという律法も、他部族に対しては通用しないのであった。

次に問題の安息日について触れておきたい。古代バビロニアでは年間の行事は定められていたが、週七日の曜日はアッシリア時代あるいは新バビロニア時代に入ってから使われ始めたようである。ということは、カナンやエジプトに曜日の考えが伝わるのはそれより後の話となる。「創世記」の冒頭文がバビロン捕囚後に加筆されたとする説に従えば、安息日はその時代に考案ないし設定されたと考えられる。つまり、ユダヤ教の成立と関連し、ヤハウェが六日で創世を終えて七日目に安息できるように、聖日を定めたのであろう。しかし、週間という枠組がなければ、安息日はそのまま際限なく継続することになる。週七日という区切りがあって初めて安息日の意義が認められるのである。モーセの時代には週七日目の安息日はまだ存在しなかったはずである。もし、モーセが書き記した神との契約書が史料として残されているならば、この点に関する真相も明らかとなるであろう。

以上「創世記」と「出エジプト記」は歴史書ではないので、史的事実を探り当てるのは大変難しい。けれど、背後にオリエント史を置いてみると、左右の強大国に挟まれたカナンにおける遊牧民の立場や運命が垣間見られる。先祖がメソポタミアの出身であったイスラエル人がエジプトの保護下に入り、やがてそこから脱出して、アブラハムが夢見た国家がダビデ王によって実現された（前一〇世紀初頭）。最初に書かれたヤハウェ資料はいわば建国神話でもあった。次のソロモン王の時代は繁栄したが、国は間もなく南北に分裂してしまう（同世紀後半）。その後、前八世紀後半に北のイスラエル王国がアッシリアに滅ばされ、南のユダヤ王国も前六世紀前半に新バビロニアに滅ぼされる。アブラハムの夢は五〇〇年かけて実り、五〇〇年余りで潰えてしまった。生き残った人々はバビロンに捕囚されてしまい、皮肉なことに、彼らを解放したのはメソポタミアの西に興隆したより強大なアケメネス朝ペルシアであった。彼らはエジプト地域へと侵攻し、古代オリエント史上最大の帝国を築き上げてしまった。その経緯はヘロドトスの「歴史」に詳しく書き記されている。

もしアブラハムの夢に現れたヤハウェが万能の神であったならば、建国後の分裂と滅亡をも予言できたはずである。だが、最初のヤハウェ資料は未来の出来事は予測しえなかった。つまり、ヤハウェの予言はイスラエル人にとって共同幻想であったのである。亡国の民となったイスラエル（ユダヤ）人は、ヤハウェの名を隠し、その代わりに普通名詞の神を使ってヤハウェ資料に手を加えていった。その結果「創世記」も「出エジプト記」も資料として語句のダブりや話の繰り返しが目立ち、誤記さえ見られるようになってしまった。しかし、彼らにとって資料の改竄で済む問題ではなかった。苦境と失意のさなかで自分たちの行く末を案じる状況に置かれ、彼らはヤハウェ教に代えて、新たな救世主を求めてユダヤ教の設立に取り組んだのであった。おそらくこの作業の過程で、祭儀の形式や安息日の設置などが決められていったのであろう。

さて、歴史も物語のジャンルに入るが、想像で補えば補う程フィクションの度合いが強まり信憑性が薄れていく。人類は神を信仰し、神話を創作してきたが、そうした人間の現実の姿を捉えて書き記すのが歴史であって、信仰の立場から恣意的な憶測を混ぜて書き残すものではない。そういう手法で表現していくと、アブラハムやモーセの存在感がますます乏しくなり、実在すら疑わしくなってくる。

締め括りとして、ユダヤ教とキリスト教、イスラム教の関係について少し述べておくことにする。いずれも宗教として絶えることなく信仰され、ヨーロッパから、あるいは中東から、世界各地へと浸透してゆき、主たる宗教の位置を占めている。神の名は順にヤハウェ、イエス、アッラーと続く。イエスはヤハウェと父子関係にあり、アッラーはヤハウェの別名で同一神である。イエスはギリシア神話を引き合いに出すと、半神半人に当たる。彼は死後に復活してガリラヤで再び布教を始めたと語られているが、その足跡は全く残されていない。彼は死んで神となったのである。なぜなら、復活とは最後の審判における神による死者の復活を意味するからである。アッラーもヤハウェ同様その名の由来は不明である。イスラム教が創設されたのは七世紀初頭なので、ラテン語化された「聖書」にはヤハウェの名は消えていたので、新たに名を付けたのかもしれない。

ユダヤ教の特色は神を霊的存在に代え、さらにメシア思想を産み出したことにある。キリスト教に関しては、メシアをキリストとして現世に出現させ、天国思想を普及させたことである。イスラム教に関しては、ヘブライ人の「聖書」を手引きにして排他的な一神教を創設したことである。一つの神話が別の神話を産み出し、さらにもう一つの神話を産み出したのである。神話と言っても実践を求める宗教なので、それぞれ独自の戒律は持っている。

ヤハウェとアッラーは霊であるが、悪霊（サタン）も存在しており、勝手に人に憑依する生霊なのである。死霊の場合は冥界に閉じ込められて、まず現世に現れることはない。ちなみに、日本では生霊は動物などの物の怪として、死霊は怨霊などとして出現するようである。従って、モーセやムハンマドは神の生霊に取り憑かれて、戒律や律法を語ったことになる。前者の場合は、後世の作者が神との対話形式にまとめ上げているが、後者は自ら憑依の状況を作り出すという、特異な手段に訴えている。彼らに比べてイエスの場合は、人の子として、律法というより道徳律を民衆に語り聞かせている。

三つとも一神教を掲げているが、彼らの祖先は元々多神教の部族に属しており、そこから分離して唯一神を立てたのである。特にユダヤ教とイスラム教は、他の宗教を排斥し、偶像崇拝する宗派を邪宗と見なしていたが、彼らの主張は信仰集団内でしか通用しない独善なのである。この排他的な偏見は他民族や異教徒との摩擦の原因となって悲惨な戦争を引き起こしてきた。多神教は多様な自然に対する畏敬から生まれた思想であり、偶像も神や生き物に対する崇敬から産み出された芸術品と考えることができる。彼らはそれを否定したのであるが、キリスト教はイエスの十字架像を掲げており、芸術に関しては極めて寛容である。

「創世記」には、いきなり神による天地創造が描かれているが、ヤハウェはバビロニアの神々の傍流の一神であり、アダムは全人類の祖ではなく、ヘブライ人の祖と見なすべきである。彼らは後発部隊として、既存の多神教に立ち向かったのである。また、ヤハウェがアブラハムに約束した土地は、広大なメソポタミアやエジプトではなく、両大国の通路に当たる細長いカナンの地であった。彼らは建国に漕ぎつけたが、やがて国を失い離散してしまった。それに対して、キリスト教徒は辛抱強くねばってローマ帝国の国教となり、ヨーロッパ全土に浸透していった。イスラム教徒も、ヘブライ人の歴史を「聖書」から学び取り、ユダヤ教徒の二の舞いにならぬように厳しい戒律を信徒に課した。そのため「コーラン」の神は自らその顚末を語ったのである。ヘブライ人たちには二つの聖典（旧約と新約）を残してきたので、今度は新たな聖典を授けるためにムハンマドに現れた、と。イスラム教もオリエントや中央アジアに浸透していったが、その後この神（霊）は誰かに現れた形跡はない。

第五章 神話と人間の物語

人類がいつ頃から神ということばを使い始めたかは、全く不明である。動物たちに神がイメージできるなら、人類もことば以前に神をイメージできたであろうが、お伽噺の類として相手にされないであろう。永らく人類は採集生活を続けながら、ことばを発し、火を使うことを学んだ。この体験は風習として部族内で共有され代々引き継がれていった。工作人として、周囲の自然から様々な用具を作り出し、環境に適応しながら日々を過ごしていた。そんな姿は古代に遡ることなく、近現代まで続いていたことが確認されている。いわゆる未開と呼ぶ文化様式であるが、気候や地理など風土の違いによって、採集・狩猟・漁撈・農耕・牧畜など多様な生活形態が見られる。ちなみに、日本では採集の縄文時代から農耕の弥生時代へと推移していったと推測される。文明国家が誕生する以前に信仰されていた神々は、小さな共同体である集落や部族の守護神で、アニミズムやトーテミズムの段階にあったと考えられる。

古代オリエントのメソポタミアやエジプト、あるいはインダスの農耕民は、季節や天候に絶えず関心を払う習慣から、天や地をそのまま神として崇拝する風習があった。やがて天地の神は、天や地を支配する巨大な神へと変貌していった。すなわち、初めは単なる自然の神格化であったが、次第に神々の擬人化によって、というより怪物化によって、特殊な能力を持つ女神や男神へと変身していった。彼らからまた新たな神々が産み出され、各地域で独特の神話が誕生していったのである。

これまで古代メソポタミアの神々やヘブライの神について言及してきたが、本章では複雑怪奇であり、奇想天外でもあるギリシア神話を俎上に載せることにする。ギリシア神話は古来の創世神話に加え、男神ゼウスが神々と人間の父として君臨する物語である。ギリシア人が異民族の神々をどう取り込み、また人間の歴史にどう関与したかもこの神話は教えてくれる。不死の神々が心身ともに人間臭いのもギリシア神話の特色である。そして、神々の系統から人間の系図に至ると、さらに枝葉のエピソードや異説も多くなり、それなりに楽しめるが少し煩瑣な様相を呈してくる。そこで、神話と実際の歴史との繋がりに重点を置いてギリシア神話を読み解くことにする。どの部族が何の神を信仰してきたかを探るのは歴史研究となるが、神話から伝説の人物たちを抜き出して歴史らしきものを構築できれば、それで良しとしたい。

ギリシア語を話すヘレネスが本土に南下し始めたのは前二〇〇〇年頃で、アカイア人、イオニア人、アイオリス人の名が挙げられている。前二者はペロポネス半島まで移住し、後者はテッサリア地方に留まったようである。当時クレタ島には、エジプト古王国の圧制から逃れて渡来したリビア人が居住し、ペロポネス半島にはペラスゴイ人が住み着いていたらしい。前三〇〇〇年頃に、エーゲ海周辺の地域、つまりギリシア本土や小アジアは初期青銅器時代に入っており、中でもエジプト文明の影響を受けたクレタ島の文化が最も進んでいた。彼らは中王国から新王国の第一八王朝に至るまでエジプトと交易を重ね、島内に何カ所か大きな宮殿を建てるまでに発展していた。彼らは宮殿に貯蔵した物資を管理するために、独得の線文字まで発明していたのである。線文字は二種類が粘土板に残されており、前の線文字Aはまだ解読されていないが、後の線文字Bはギリシア語を表記したものと判明した。本土の先住民ペラスゴイは、その存在についてヘロドトスも認めており、後述するように彼ら独自の神話を持っていた。

クレタ文明に続き、前一六世紀に入ってミケーネ文明が発祥した。ちなみにその当時は、エジプトでは新王国が誕生したばかりで、パレスチナではヘブライ人が定住し始め、小アジアの中央部アナトリアではヒッタイトが隆盛期を迎えようとしていた時代である。ミケーネ文明の担い手は北方か来たヘレネスであったとしても、文明を実際にもたらしたのは南方のクレタ人であり、フェニキアやエジプトから移住してきた渡来人たちであったと考えられる。ヘロドトスはフェニキア人を率いてテーバイ（テーベ）を建設したカドモス一族に触れているが、エジプトから渡来してアルゴスの王となったダナオス一族の例もある。この二人の系統はギリシア神話では最重要の部族となるが、彼らの父はゼウスの末裔で、しかも海神ポセイドンが生ませた双生児であった。しかもカドモスの父はフェニキアの王、ダナオスの父はエジプトに君臨したとある（アポロドーロス「ギリシア神話」による）。ギリシア人がその当時エジプトやフェニキアを支配していた事実は全くないので、神話らしい粉飾であると考えられる。皮肉なことに、ギリシアで製造された彩色土器がそれらの地域で発見されたので、勘違いしたのであろう。

クレタ島から本土に持ち込まれたオリーブや葡萄の栽培によって、オリーブ油やワインはギリシアの特産品となり、それが彩色土器に詰められて海外に盛んに輸出されていた。

その富によって成立したのがミケーネ文明であって、南東にオリエントを臨み、北西にギリシアを臨むクレタ島の存在があったからである。そのクレタ文明も、続くミケーネ文明も、実はオリエントからもたらされたものだったのである。

前一二五〇年以降、長期にわたってトロイア戦争が起り、その後ミケーネ文明は自然に衰退していったとも、前一二〇〇年頃ドーリア人が南下してミケーネ文明を打ち壊したともいわれている。いずれも同系どうしの争いが原因であるが、当時ギリシアは後期青銅器時代にあり、武器や武具がかなり発達した戦士の時代でもあった。そして、ギリシア神話はトロイア戦争をもって幕を閉じるのである。

ギリシアの歴史が前置きになったが、神話については、前八世紀頃の詩人ヘシオドスが書き残した「神統記」に基づいて検討したい。「神統記」は詩形式でまとめた神々への賛歌で、当時の伝承に基づく作品であろうが、独得の語り口で神々が次々に紹介されていく。本章の後半で取り上げる、ヘシオドスより一世紀ほど早いとされる盲目の語り部ホメロスは、不死の神を死すべき人間に近い存在として丁重かつ冷静に取り扱っている。彼らの作品は、ギリシア文字で書かれた最初期の貴重な文献として読み継がれてきた。このギリシア文字もフェニキア文字を真似て作成されたとする説が有力である。では、オリュンポスの神々の誕生から話を進めることにする。

初めにカオス（虚空・混沌）が生じ、次に母神ガイア（大地）とタルタロス（地下界）とが現れ、さらに異色ではあるがエロス（性愛）も現れる。そして、カオスからは幽冥と夜が生まれ、その両者から澄明と昼が生まれる。またガイアからはウラノス（天）、山々、ポントス（海）が生まれる。これ以降に神話は本格的に展開されていくが、ギリシア神話には他に見られないユニークな神々が登場する。例えば「夜」が挙げられるが、この夜の女神は次のような神々を産んでいる（抜粋）。

- 死の命運、死、眠り、夢たち、非難、苦悩、運命たち、憤り、欺瞞、愛欲、老齢、争い

最後の「争い」は次のような神々を産んでいる（抜粋）。

- 労苦、忘却、飢餓、悲嘆たち、戦争たち、殺害たち、虚言たち、破滅、（偽りの）誓い

古代人が夜や争いの体験から連想した、不安と恐怖心を煽る神々たちである。

さて、ガイアとウラノスが産み出す次世代は、ティタン・ティタニス族と呼ばれる男女

の大神たちである。彼らの名前の多くは、先住民ペラスゴイ人が惑星の支配者として名付けた男・女神から借りたものであった。それをバビロニア歴の曜日の順に並べると、次のようになる。

土星　クロノス、レイア
太陽　ヒュペリオン、テイア
月　　アトラス（↓）、ポイベ
水星　コイオス、メーティス（↓）
木星　エウリュメドン（×）、テミス
金星　オーケアノス、テテュス

（ロバート・グレーブス『ギリシア神話』第一章による）

「神統記」では、以上のうち消えた神（×）と次世代に移された神（↓）とがあり、また新たに男神イアペトスと女神ムネモシュネが付け加えられている。イアペトスの息子としてアトラスは生まれ、ムネモシュネとゼウスの娘としてヘシオドスが賛美するムーサ（歌姫）たちが生まれている。女神メーティスは金星のオーケアノスとテテュスの娘として生まれ、ゼウスの最初の妻として女神アテナを身籠る。その他ティタンは、一つ目の巨人キユクロプス三柱と、百腕の神三柱が生まれている。

ウラノスが後から生まれてきたキュクロプスたちを地下界に閉じ込めたためガイアは怒り、復讐を企てる。それを買って出たのがクロノスで、ガイアから武器として大鎌を与えられる。クロノスはそれで、ガイアに情愛を求めて近づいてきたウラノスの陰部を切り取ってしまう。その時、大地に流れ出た血からは復讐の女神とギガス（巨人族）とニンフ（女精）たちが生まれ、海に投げ棄てられた陰部の周りの泡からはアプロディテが誕生する。人類史において生贄や去勢の風習は随所に残っていたが、不死の神が人間の肉体的苦痛を体験したのはウラノスが最初であろう。また、アプロディテはギリシア語で泡から生まれたことを意味するが、別名キュプロスとも呼ばれ、キプロス島が生誕地とする説もある。彼女はメソポタミアの金星の女神イシュタルに由来する豊穰の女神として、キプロス島で熱く信仰を受けてきた。法螺貝から生まれたというアプロディテ伝説も残っている。

ヘシオドスは伝承に基づいてアプロディテの誕生を描いたと思われるが、ギリシアの良識派はホメロスに倣って、彼女を女神ディオネとゼウスの娘としている。ヘシオドスとしては、ゼウスより前に誕生したアプロディテをゼウスの娘とするわけにはいかず、彼女をゼウス家の嫁としたのである。

さて、クロノスは王位を得たものの、ウラノスと同じ轍を踏んでしまい、天と地の両親から、生まれてくる子供に王位を奪われるであろうと予言される。彼は生まれてくる子を次々と呑み込んでいくが、最後のゼウスの時は妻レイアたちの画策によって失敗する。ゼウスはクレタ島で密かに誕生する。クレタ島の王の娘たちによってゼウスは養育され、衛兵たちが赤ん坊の泣き声を消すために盾を打ち鳴らしたとされる。この時クレタ島は文明期に入る前であったが、ゼウスの誕生によって、クレタ島がギリシア文明発祥の地であることを意味している。

成長したゼウスはクロノスに閉じ込められていたキュクプロスたちを再び解放して味方につけ、吐き戻された兄弟と共にクロノスの勢力を駆逐し王位の座に就く。この時、闘将アトラスはクロノス側に付き、知恵者プロメテウスはゼウス側に付いた。彼らイアペトスの四兄弟はゼウスに睨まれ最もライバル視されたティタン族である。敗戦の将アトラスは天空を担がされ、傲慢なメノイティオスは雷霆に打たれて死に、策士プロメテウスは聖なる火を盗んだため過酷な刑罰を受け、浅知恵のエピメテウスはゼウスが創った女性（パンドラ）を押し付けられる。ちなみに、プロメテウスは土で人間を創り、人間に火を与えた人類産みの親であるが、彼の息子（デゥカリオン）と、エピメテウスの娘との間に生まれたヘレーンが、ヘレネスの祖とみなされた。

だが、ヘシオドスはこの説を採用しておらず、神は超越的で、人類は神の元で時代を築いてきたという思想を持っていたようである。異説によると、ゼウスは人間嫌いで、旧約のノアと同じく一度は大洪水で人間を滅ぼしている。だが、その後デウカリオン夫妻に人間の再生を許可している。

アトラス兄弟にはまだ重要な続きが残っている。それは、アトラスの娘マイアとゼウスとの間に神々の使者ヘルメスが誕生したことである。また、ヘラクレスがアトラスに代わって天空を担いだ話や、鎖に繋がれたプロメテウスを解き放してやった後日談もある。

そして問題なのは、最初の妻メーティスに身籠らせた知恵と戦いの女神アテナである。「神統記」によると、天地神の助言を受け、アテナの次に生まれるであろう男子に王位を奪われないように、ゼウスは妊婦メーティスを呑み込んでしまう。そして、アテナをわざわざ自分の頭から産み出すのである。死すべき人間界では王位の世代交替は必然であっても、不死の神々にとっては必然とはならない。それにしても、アテナを出産した後にメーティスを呑み込めばよいのに、なぜそうしなかったのか、実は次のような理由があったからと考えられる。

女神アテナは古くからアテーナイ（アテネ）の守護神として信仰されていたが、その地域だけでなく、スパルタやトロイアなどでも広く信仰されていたようである。わざわざゼウスの頭から出産させるという不自然さは、彼女に知恵と戦いの力を授けたのはゼウス自身であり、彼女はゼウスの従順な娘であることを示したかったからであろう。リビア発祥とされるアテナ信仰がギリシア本土でしっかりと根付いていたためと考えられる。だから、アテーナイの支配権をめぐってポセイドンと争った時も、女神はポセイドンに負けることはなかった。アテナがゼウスの頭から武装した姿で飛び出してきたという突飛な話は、ゼウス派の苦肉の策と思われる。しかも、ゼウスの頭を割って出産を助けたのはヘーパイストスあるいはプロメテウスであるというおまけまで付いている。

他にもティタン・ティタニスの系統とゼウスとの間に誕生した重要な神々がいる。まず、コイオスとポイペとの娘レトからは、狩猟の女神アルテミスと、弓矢と竪琴の名手で予言の神アポロンが誕生している。最後に、ゼウスと本妻ヘーラーとの間には、軍神アレスの他に二人の娘が挙げられるが、鍛冶の神ヘーパイストスはなぜかヘーラーが単独で誕生させている。青銅器時代と、それに続く鉄器時代を象徴するこの火神は、オリュンポス宮殿を建造した神でもある。

ちなみに、この宮殿に住む十二神とは、クロノスの子として誕生した家事の女神ヘスティア、農耕の女神デメテルと、ヘーラー・ゼウスの夫婦、海神ポセイドンがまず挙げられる。続いてアプロディテとアテナ、アルテミスとアポロンに、アレスとヘルメス、ヘーパイストスを加えた神々とされる。ゼウスの兄弟で冥府の神ハデスは地下界の宮殿に住まう神なので、十二神には数えられていない。十二神には諸説あるようだが、それは信仰や祭儀の問題が関わっているからであろう。

ギリシア人にとってもう一柱、重要な神が存在する。ディオニュソスである。彼はゼウスの子であるが、アプロディテの孫娘の子でもある。彼女は、ゼウスとヘーラーの息子アレスとの間に娘ハルモニアを産んでおり、ハルモニアは前述のカドモスに嫁ぎ、娘セメレを産んだ。そして、セメレとゼウスの間に誕生したのがディオニュソスなのである。ディオニュソスの性格からすると、エロスと欲望の神を付き従えるアプロディテの末裔と見る方がふさわしい。神話に出てくる神々が等しく信仰され祭られることはないが、この酒神（バッカス）はギリシアでもローマでも人気が高いようである。

カドモスの娘が出たついでに、彼の姉エウロペの話も付け加えておきたい。それはゼウスの誕生の地クレタ島の文明期の話でもある。ゼウスはエウロペをフェニキアの地からさらい、クレタ島でミノスとその兄弟たちを産ませている。このミノス王の時代にクレタ文明が最も繁栄しており、エジプト、フェニキアに続きクレタ島もゼウスの系譜下に収められたのである。話の進展から、ゼウスという神は南東からの渡来人がギリシアに持ち込んだ神と言うこともできる。またヘレネスの系譜がゼウスにではなくプロメテウスに属していることを考慮に入れると、ギリシア人とは、周辺から流入した多部族から成る混成民族であり、ギリシア神話とは、ギリシア人誕生の物語と見ることもできる。

さて「神統記」は神々の系統を追ったもので、人間についての記述は少ない。それでも伝説の人物が何人かは登場する。まずカドモスが挙げられるが、彼の娘セメレとその子ディオニュソスは後に神格化され神の仲間入りをしている。さらに、メドゥーサの首を切り落としたペルセウス、およびヘラクレスと彼を産んだアルクメネ。英雄ペルセウスとヘラクレスは血縁関係にあり、両者ともゼウスの子とされるが、「神統記」におけるヘラクレスの取り扱いは他を抜きん出ている。女神テティスが産んだアキレウスと、漂流中に島の魔女や女神と関係を持ったオデュッセウスの名も見える。アキレウスとオデュッセウスはトロイア戦争で活躍する本土側の同僚であるが、トロイア側の将アイネイアース（アプロディテの子）の名も挙げられている。また意外なことに、王女メディアとイアーソーンは円満な夫婦として描かれている。神々を愛でるヘシオドスの配慮であろうが、神話は想像の世界なので異説はいくつでも作れるのである。

少しでも歴史に近づくために、トロイア戦争を前一二五〇年以降の出来事として、伝説の人物たちの年代を割り出してみることにする。まず、ヘラクレスの生年を前一三〇〇年頃と仮定し、三代百年を目安に計算してみる。ヘラクレスの母アルクメネから遡った三代目のペルセウスは前一四〇〇年頃の生まれとなる。ペルセウスの母ダナエーから遡って五代目のダナオスは前一五七〇年頃の生まれとなる。カドモスもその頃の人物で、彼らが生まれた頃はクレタ文明はすでに繁栄期にあり、ミケーネ文明は誕生前であった。ペルセウスが生まれた時期がミケーネ文明の繁栄期に当たるであろう。

以上はすべて暫定的な年代であるが、伝説の人物を歴史的に捉える手掛かりとなるはずである。起点としたトロイア戦争は前章で扱ったイスラエル人の出エジプト時期とほぼ重なり奇しくもヘラクレスとモーセは同時代の人物という設定になった。歴史を大きく動かしたという点ではヘラクレスもひけはとらない。

前一三世紀はミケーネ文明の後期に当たり、各地の都市には城壁を巡らした宮殿が建築され、その王（領主）たちが活躍していた時代である。エジプトでは新王国第十九王朝のラメセス二世が長期政権を担っていた。小アジアのヒッタイトもシリアまで南下してエジプト軍と一戦を交える勢力を有していたが、この世紀の末に突如消滅している。ヘラレスはそんな時代の人物であり、彼に続くのはホメロスの「イーリアス」に登場する武将たちである。そしてギリシア悲劇のほとんどが、ヘラクレスとトロイア戦争の時代を挟む三世代の間に凝集されている。そんな中でホメロスの作品は、神話の世界から脱皮し、人間主体の新たな世界を切り開いた、記念碑的な古典なのである。以下、ヘラクレスの足跡や人脈を追いながら、「イーリアス」という作品の外堀を埋めていくことにする。

ヘラクレスの祖父はペルセウスの子でミュケーナイの王であった。しかし、彼の父となるべきアルクメネの婚約者（彼女の従兄）が誤ってその王を殺害してしまったため、両者はテーバイへと逃れ、そこでヘラクレスは誕生する。テーバイのその時の王は、先王ラーイオスの妻イオカステの兄弟に当たるクレオーンが継いでいた。ラーイオスは偶然出会ったオイディプスに殺害されてしまったからである。オイディプスはコリントスで成長し、デルポイで神託（父殺しと母との結婚）を受け、育ての親を実の父母と思っていたためコリントスには戻らず、テーバイへと向かう途中であった。その後、オイディプスは市中に災厄をもたらす怪物スピンクスを有名な問答で退治し、褒賞としてイオカステとテーバイの王座を手に入れる。そして、息子二人と娘二人を得る。だが、盲目の予言者テイレシアスの進言によってデルポイで受けた神託の真実が明かされたため、イオカステは自害してしまい、オイディプスも罪を背負って放浪の旅に出る。そして一説によると、アッティカの地で亡くなり、彼を埋葬したのはアテーナイの王テーセウスとされる。おそらくヘラクレスは、そんなオイディプス時代に成長し、武芸を極め、学芸を修めたのであろう。

その後テーバイで起こった事件についてホメロスは語り部として取り上げたとされるが、残念ながら資料が残っていないので、神話から抜粋することにする。

さて、オイディプスの二人の息子は王座をめぐって争い、一人がアルゴスに逃れる。その時、もう一人カリュドーン（本土北西部の都市）から逃れて来た男がいた。カリュドーンの王オイネウスの子テューデウスである。アルゴスの王アドラストスはこの両者に娘を与えて婿に迎える。そしてテーバイから来た婿のために、王国を奪還すべく七人の武将を結集して出兵する。だが、テーバイの婿は兄弟との一騎打ちで相討ちとなり、テューデウスもまた戦死してしまう。テーバイでは再びクレオーンが王位に就くが、オイディプスの娘アンティゴネは、禁止されているアルゴス軍の兄の埋葬を行ったため死に追いやられる。アルゴス軍は敗退するが、十年後、七人の武将の子らによる二回目のテーバイ攻めは成功する。その中にトロイア戦争でアルゴス勢の大将として大活躍するテューデウスの息子ディオメデスが含まれていた。彼の伯母に相当する女傑デーイアネイラはオイネウスの先妻の娘で、ヘラクレスが最後に妻とした女性である。

一方ミュケーナでは、やはりペルセウスの子であるステネロスが王位を継いでいた。ゼウスはヘラクレスをペルセウス一門のトップに据えるつもりであったが、ヘーラーの陰謀によってステネロスの子エウリュステウスがその地位を獲得する。アルクメネ夫妻がミュケーナイを追放された時点で明暗ははっきりしていたのかもしれない。そして、彼らペルセウス一門に最も信頼されていたのが、小アジアのリディア地域から本土に渡ってきたペロプス一族であった。彼らはトロイアの王家によって小アジアから追い出されるという因縁があった。ペロプスは半島の北西部から勢力を拡張した英雄として尊敬され、彼の名にちなんで半島の名がペロポネスと付けられたという逸話も残っている。またペロプスの息子の一人に、後にミュケーナイの王となるアトレウスもおり、このアトレウスの息子が、「イーリアス」に登場する本土軍の総大将アガメムノーンであり、その弟がヘレネの夫メネラオスなのである。

また、ペルセウスにはゴルゴポネという娘がおり、彼女は半島西部のメッセネーの王に嫁ぐが、王が亡くなったためスパルタの王と再婚し、息子イーカリオスやテュンダレオスを産む。前者の娘ペーネロペイアはオデュッセウスの妻となり、後者の娘クリュタイムネストラはアガメムノーンに嫁ぐ。テュンダレオスのもう一人の娘ヘレネ（妻レダとゼウスの子とされる）はメネラオスを婿に迎える。テュンダレオスは居住していたスパルタから異母兄弟によって一度追い出されるが、後にヘラクレスがこの都市を攻略し、それをテュンダレオスに与えている。ちなみに、テュンダレオスの妻レダは前出のオイネウスの先妻とは実の姉妹なのである。

さて、話を主役のヘラクレスに戻すことにする。彼は敵対する北の勢力との戦いで武勲を立て、クレオーンの長女メガラを妻とし子供を三人ほど得る。ヘラクレスという称号（ヘーラーの栄光）はその武勲によって与えられたようである。だが、彼は狂気（心神喪失）に陥り、息子たちだけでなく甥たちも殺害してしまう。単なる事故とも受け取れるが、その贖罪として、デルポイの神託に従い、ティーリュンスの王エウリュステウスが命じる十の仕事を遂行するはめになる。この内の二つは認知されず、新たに二つ追加されてしまうが、怪物退治あり、冒険譚ありの英雄神話となっている。それを果たしたヘラクレスは妻を娚に与え、自分は新たな人生を歩み出す。本土北西部の都市オイカリアで、弓の競技の勝者に王の娘を与えるという話に魅かれ、ヘラクレスも参加する。しかし勝者となったものの、王と息子たち（一人を除く）によってテーバイでの息子殺しを理由に約束を拒否されてしまう。そして今度は自分の錯乱で、味方をしてくれた王の息子を殺害してしまう。この贖罪として、神託に従いリディアの女王の下で奴隷として働くことになる。リディアはペロプスの出身地であるので、これも何か因縁めいた話である。ヘラクレスの子孫はこの女王からも産まれているようで、ヘロドトスの「歴史」にもその一族の顚末が書き記されている（第一巻）。

年期を終えて帰国した後、復讐を兼ねたヘラクレスの都市攻略が実行される。ただし攻略といっても、都市の破壊と略奪、敵兵の殲滅と捕虜（多くは婦女子）の奴隷化を伴う当時の過酷な戦争をイメージしなければならない。ここではトロイア戦争に直接つながる二つの攻略を取り上げることにする。

一つは最初のトロイア攻略である。トロイアはかつてクレタ島からの移住者が開拓したとされる。その後アイオリス人も移住して交易で栄えていた要衝の地で、権益をめぐって長年争いが絶えなかったようである。このトロイアの都市は以前（おそらく第九の功業の時）ヘラクレスも立ち寄っており、時の王ラオメドンの娘ヘーシオネーを怪物から助けたことがあった。だが王は約束した報酬をヘラクレスにきちんと支払わなかったので、攻略の餌食となったのである。

王家は滅びてしまうが、恩寵によって一人だけ息子（ヘーシオネーの弟）が助命される。それが、後にトロイアの王として返り咲いたプリアモスである。彼はトロイア軍の総大将ヘクトルやその弟アレクサンドロス（パリス）の父でもあった。一説によると、パリスはトロイア滅亡の原因となるという予言で、一度は山中に捨てられるが、立派に成長して帰ってきた時、プリアモスは予言を無視して彼を二度と手放そうとはしなかった。パリスがスパルタを訪れた時、ヘレネは彼に魅了されて彼の妻になってしまう。ホメロスも作中で触れているように、ヘレネの駆け落ちがトロイア戦争の原因だったのである。

もう一つは、エーリス攻略（第五の功業に関係）に続くピュロス攻略である。いずれも半島の西部に位置し、オリュンピアの祭礼競技の発展に寄与した都市で、ピュロスの南東部にメッセネー地方が続いていた。ピュロスの王ネーレウスは、ヘラクレスが第二の罪の浄めを依頼した時、それを断った人物である。その恨みもあって攻略したのであるが、ここでも運よく生き残った王の息子が一人いた。別の都市で養育されていたネストルである。彼はヘラクレスの寵児となり、メッセネーの領地を与えられる。そして、「イーリアス」では、老将ながら本土軍の軍師として登場する。おそらく、彼はトロイアの王プリアモスと同じ年頃であったと思われる。

ちなみに、ネストルとイアーソーン（アルゴー号の船長）は祖母が同じで祖父は兄弟という親類関係にあった。そして、後者の祖父の系統からアルゴス王アドラストスが輩出している。さらに、この三者だけでなく、前出のオイネウスやレダもアイオリス系の末裔であることを付け加えておきたい。このピュロス攻略後にヘラクレスはスパルタに向かい、前述したスパルタ攻略を果たしている。彼はペロポネス半島を、いわば一周する形で征服したことになる。

ヘラクレスは都市の王や領主に収まることなく前進し続け、そして最期を迎える。彼はアルカディア（半島中央部）で軍隊を組織し、半島を出て北方の敵対部族の征服に取り掛かる。途中、カリュドーンでオイネウスの娘デーイアネイラを妻としてトラーキスに落ち着く。ついでにオイカリアを攻略し、第二の罪の原因を作った王と息子たちを皆殺しにし、第二の妻となるはずの王女イオレを連れ去っていく。遠征途中、この後に突然ヘラクレスは亡くなってしまう。一説によると死因は下着に塗られた毒薬であった。イオレの知らせを受けた妻が夫の心が離れないように使った媚薬が、とんでもない劇薬だったのである。痛みに耐えかねたヘラクレスは自ら造った火葬檀に座り火を着けさせたとある。これは燔祭と供犠に関連する儀式の一つと考えるべきであろう。

殺した獅子の毛皮を身に着け、棍棒を手にした剛勇の古代人も、心身の病や薬物に対しては普通の人間と変わりなかった。かなり風変わりでかつ純真なところもあるこの英雄の突然死は、ゼウスもさぞ慌てたことであろう。十二の功業を成し遂げて不死を約束されたものの、彼は二度と人間界へ戻ることはできなかった。死すべき人間にとって、不死とはオリュンポスの宮殿で暮らすという儚い幻想だったのである。

彼の死後、ミュケーナイの王になっていたエウリュステウスは、ヘラクレスの息子たちの討伐に乗り出すが、返り討ちに遭ってしまう。そして、留守を託されたペロプスの息子アトレウスが王位を継ぐことになる。ペロプスもアトレウスもかなり神話的な人物であるが、近年ミュケーナイの墳墓群から大量の遺品が発掘されており、その墳墓群を「アトレウスの宝庫」と考古学者は呼んでいる。ギリシア神話も、話の重点が神々から人間に移っていけばいくほど歴史色が濃くなっていくようである。ヘラクレスの場合は最も神話的であるが、彼の活動は時系列的に辿れるので、歴史として取り扱える部分もあるのではないかと考える。当時ギリシアで使われていた線文字Bは、クレタ島やピュロスなどの都市で書板が残されている程度で、ミケーネ文明の年代記を作成するには至らなかったようである。

「イーリアス」の外堀を埋めるためにかなり手間取ってしまったが、さらに前置きとして付け加えておかねばならないエピソードがいくつかある。一つはトロイア戦争の原因となったスパルタの王女ヘレネの存在である。ゼウスの娘とされ絶世の美女である彼女を求めてギリシア全土から求婚者が集まってくる。その中にはメネラオス始めディオメデスやイドメネウス（クレタ島出身）なども顔を連ねていた。オデュッセウスも参加していたが、無理と諦めて彼女の従姉妹に当たるペーネロペイアを妻に選んでいる。ヘレネはメネラオスを婿に選び、娘をもうけている。パリスがヘレネを奪って去った後、ギリシア地域で最大の勢力を誇っていたミュケーナイの王アガメムノーンとスパルタの王となっていたメネラオスは妃ヘレネを奪還すべく全土に応援を求め、二年後にトロイア攻略に漕ぎ付ける。

だが当初、主役のアキレウスも闘将のオデュッセウスも実はこの戦争に参加したくない理由があったのである。特にオデュッセウスは二〇年間は故郷に戻れないと神託で予言されていた。そのため彼は狂気の農夫を装うが、見破られてしまう。彼は見破った武将に遺恨を抱いていたのか、さらにトロイア攻略の途上で食糧調達の失態を嗤われたため、その武将を敵王プリアモスの内通者に仕立て上げて謀殺してしまう。策略家オデュッセウスにはそんな一面もあったのである。アキレウスの場合は、故郷（北部中央のプティーア）を離れトロイアに行くとそこで早死にすると予言されていた。一説によると母テティスがまだ少年の彼を女装させてやりすごそうとしたが、皮肉にもオデュッセウスに見破られてしまう。「イーリアス」では父ペーレウスがアキレウスに教育係（ポイニクス）を付ける条件で、参加を快く承諾している。その時彼はまだ一五歳であったが、戦争の勝利に欠かせないキーパーソンと見なされていた。

そして二年後に船団は出立するが、トロイアではなく、その南のミューシアを荒らし回ったあげく、船団は暴風に見舞われ、散り散りになって故郷に帰還してしまう。ちなみに、その時のミューシアの王テーレポスはヘラクレスの実子で、アウゲーという数奇の王女がミューシアで産んだ子であった。一回目が大失敗に終わり、次に出立したのはなんとその八年後であった。その二回目の集結の際、嵐が吹き荒れて出航できず、アガメムノーンの娘の一人を生贄にせよという神託が出される。イーピゲネイアという一番美しい娘を出航地アウリス（本土東海岸）に呼び寄せるための策略は、当時二十五歳位になっていたと思われるアキレウスとの婚姻話であった。母クリュタイムネストラが付き添っていったが、まさか生贄に捧げられるとは夢にも思わなかったであろう。娘が実際に生贄にされたかどうかは異説が多く定かでない。だが、この件が帰国後のアガメムノーン殺害の一因となったと後世の戯作者アイスキュロスは見ている。

ついでながら、イーピゲネイアについてはこんな一説もある。アテーナイの王テーセウスが若きヘレネを略奪し、生まれた子がイーピゲネイアであるという話である。兄弟たちが姉ヘレネを取り戻したが、不憫に思った姉のクリュタイムネストラがイーピゲネイアを養女として引き取ったという。それにしてもヘレネにこのような前歴があるとすれば、どこか女神アプロディテに似た美女の宿命を感じさせる。兄弟がヘレネを救出した時、テーセウスの母アイトラーが捕えられ、ヘレネの侍女の一人としてトロイアにまで渡っているのが「イーリアス」からも読み取れる。やはりヘレネはアテーナイで捕われの身となっていたのであろうか。

トロイア攻略にはそれからさらに十年の歳月がかかっているので、「イーリアス」に登場するアキレウスの年齢は三十五歳位、ヘレネに至っては四十台半ばに達していたと考えられる。しかし、ホメロスは以上のような前置きに触れることなく、戦争の九年目から運命的なドラマを語り始める。作品は二十四歌（話）も続く長編叙事詩で、現代風には神々も登場する時代物の大長編小説あるいは大河ドラマと言えよう。とは言え、詩独特のリズムを有し、戦況の劇的展開のみならず、登場人物の考え方や心理が豊かに表現された大作となっている。また、神々が人間界に介入する場面や神々の会話なども実にうまく演出されている。

さて、長期間トロイア軍と対峙していた本土軍の陣営に、アポロンに仕える祭司が莫大な身代を携えてやって来るところから物語は始まる。彼は総大将アガメムノーンが所有する自分の娘を返してくれるよう懇願するが、総大将はその娘（愛妾）を大変気に入っており、申し出を拒絶してしまう。するとアポロンの祟りで陣中に悪疫が蔓延し、兵士が次々と倒れ死んでいく。事態を重く見て集会が開かれ、アキレウスの進言で娘を祭司に返すことになる。だが、怒った総大将はアキレウスと激論の末、その代償としてアキレウスが所有する女性（夫がアキレウスに討たれた王女）に白羽の矢を立てて強引に奪ってしまう。収まらないのはアキレウスの方である。そして、それがどのような結果をもたらすかを知らずして、彼は戦線を離脱してしまう。戦利品の分け前をめぐるこの確執が底流を成して全体の物語が進行するのが、この作品の特色である。

船団を組んでトロイアに攻め込んだ本土軍を、ホメロスはアカイア勢、ダナオイ勢、アルゴス勢と呼んで使い分けている。アカイアは北方から初めに流入してきたヘレネスの一部族を指し、またペロポネソス半島中部の地峡に接した地域をも指す。ダナオイはエジプトから渡来しアルゴスを支配したダナオス一族に付き従った人々を指すと考えられる。アルゴスは半島東部の都市あるいは地域を指し、ミケーネ文明の発祥地ミュケーナイはその北に位置する。本土軍の軍船の数を見れば、その呼称も肯けるであろう。

本土軍全体は三〇近い船団から構成されており、軍船は約五〇人乗りなので、将兵の数もおおよその見当がつく。最も多いのはアガメムノーンの一〇〇艘で、加えて六〇艘をアルカディア勢に提供している。次いでディオメデス（アルゴス）とイドメネウス（クレタ島）が各八〇艘、ネストルが七〇艘、メネラオスが六〇艘、アキレウスが五〇艘と続く。アテーナイ勢やテーバイ勢も五、六〇艘の船団を組んでいる。ちなみに、二人の闘将オデュッセウス（イタケー島）と大アイアース（サラミス島）はともに一二艘である。ところで、この大アイアースはアキレウスに次ぐ剛勇で彼らは従兄弟どうしであった。アイアースの父テラモーンは、ヘラクレスがトロイア攻略を行った際に同行した剛勇の武将であった。テラモーンとプリアモスの姉ヘーシオネーとの間に生まれたテウクロスは、戦闘でアイアースと良いコンビを組んでいる。

対するトロイア軍は、総大将がヘクトル、参謀格がアイネイアース（アプロディテの子とされる）である。また援軍が周辺地から集結しており、北のトラーキア、東のプリュキア、南のミューシア、カーリア、リュキアなどが挙げられる。ちなみに、リュキアの二人の王、サルペドンとグラウコスが大活躍するが、サルペドンはゼウスの子とされる。主軸はやはりトロイア王家で、ヘクトルの指揮のもとイーリオス城から撃って出て、一進一退の攻防を繰り返しながら、アキレウスが戦線に復帰する前は本土軍の船団に襲い掛かる勢いを持っていた。

両軍が全面戦争に入る前に、パリスがヘレネとその全財産を賭けてメネラオスとの一騎打ちを申し出る。そして、決着がつき次第、両軍とも兵を退き、和平に至るという誓約が交わされる。だが、メネラオスが勝負に勝ったものの、思わぬ邪魔が入り、和平は実現しなかったのである。一つは、負けたパリスをアプロディテが濃霧を利用して連れ去ってしまったこと、もう一つはトロイアの将パンダロスが放った矢がメネラオスに当たって彼を傷つけてしまったことである。彼に弓を引くよう唆したのは、ゼウスの命を受け彼の僚友に変身したアテナであった。和平の誓約が破棄されたため、両軍は激しい戦闘に突入する。ここで問題なのは、大挙してトロイアに押し寄せた本土軍は何を最終目標としていたかということである。ヘレネと財産を取り戻せばすむのか、それともトロイアを征服するためなのか。アガメムノーンは前者の解決を望むがその道は閉ざされ、物語は悲劇的な全面戦争へと向かって行く。

他方、神々は本土軍に付く側とトロイア軍に付く側の二派に分かれる。前者にはヘーラーとアテナ、ポセイドンが、後者にはアポロンとアプロディテ、アレスが主として味方する。そして、彼らは要所要所に出没しながら場面を盛り上げる。中でもヘーラーは本土軍に思い入れが強く、アテナもそれに応じる。この背景には間違いなくパリスの審判（最高の美神の判定）が隠されている。この審判話は、アキレウスの父母ペーレウスとテティスの結婚式に端を発している。この結婚式には神々が招待されていたが、招かれなかった女神エリス（争い）が、歓談している三女神の足下に「最も美しいひとに」と書かれた黄金のリンゴをころがしたからである。ゼウスは、妻と娘に係わるこの悪戯を悪い冗談と笑い飛ばすこともせず、審判者としてトロイア南東部のイデー山で暮らす若者パリスをわざわざ指名するのである。黄金のリンゴは、ヘラクレスが第十一の功業で持ち帰ったヘーラーのリンゴ園のものと同じと思われ、しかもエリスは一説によると、ヘーラーが産んだアレス（戦いの神）と双子の妹とされる。また、パリスはトロイアの王プリアモスの息子であった。これらの条件を合わせると、パリスの審判とトロイア攻略はアキレウスの両親の結婚式の段階で最初から仕組まれた可能能も出てくる。そして、スパルタの妃ヘレネをトロイア攻略の起爆剤として選んだのである。ヘーラーとゼウスによる画策と思われるが、もちろんこれは推測にすぎない。「イーリアス」はパリスの審判さえ触れておらず、ホメロスが把握していた伝説内容は残念ながら分からない。

では主神ゼウスは何をしていたかと言うと、彼は天秤を手元に置いてイデー山の山頂から両軍の戦況を見守っていたのである。母テティスがアキレウスの名誉回復とトロイア軍の優勢をゼウスに頼んだ時、彼はそれをすんなりと受け入れている。ゼウスはアキレウスの戦線離脱が戦況にどう影響するかを知っており、最終的にはヘーラーの望み通りトロイアは壊滅すると予見していたのである。ゼウスは神々に手を出すことを禁じ、手を出した神を叱責しているが、最後には自由にさせている。それはホメロスが、人間の運命を決めるのは神ではなく、人間自身である、という思想を持っていたからと考えられる。ゼウスは手元の天秤で戦況を占っていればよく、この天秤がホメロスの皮肉なのか、それともユーモアなのかは分からない。

ホメロスは、女性たちの立場にも一歩踏み込んで語っている。ヘレネは自分たちが戦争の原因を作ったという非難を自覚しながら夫パリスを戦場に送り出しているし、ヘクトルの妻アンドロマケは夫の戦死を自分の死と考えている。彼女の父はトロイア側の王で、本土軍の攻略の対象となり、すでに両親とも亡くなっている。本土軍はアキレウスなどが中心となって、トロイア領内や周辺の都市を荒らし回って、かなりの戦利品を稼いでいたようである。そして「イーリス」の最後でアンドロマケは、アキレウスに討ち取られたヘクトルの遺骸を抱きながら、自分たちは敵の戦利品になればどんな屈辱に遭うか分からないと嘆くのである。

さて戦況は、トロイア勢が船団近くまで迫り、そこで夜営の陣を張った時に、アガメムノーンはアキレウスに和解の使者（オデュッセウス、大アイアース、ポイニクス）を送る。だが、アキレウスはアガメムノーンに対する怒りが収まらず、贈答品も名誉もいらない、故郷に帰って普通の生活がしたいと拒絶し、翌日船団を引き上げて国に帰ることを使者に申し渡す。ところが翌日トロイア軍は、本土軍が造った防壁を打ち壊しながら船陣にまで迫る。一旦退くが翌日再び押し寄せて船に火を放つ事態に至ると、アキレウスの盟友パトロクロスは自軍の危機を感じ戦闘に参加したい旨を彼に告げる。アキレウスもこれを了承し、自分の甲冑や戦車を彼に貸し与えて輩下の兵隊を出陣させる。

パトロクロスはアキレウスの忠告を忘れてトロイア軍を城壁にまで深追いしてしまい、そこでヘクトルによって命運が尽きてしまう。パトロクロスの遺体を巡って両軍の争奪戦が始まるが、大アイアースとメネラオスたちが苦労して自軍にまで運び込む。遺体を目にした時、アキレウスの嘆きと怒りは果てし無く続き、アガメムノーンに対する怒りは消え、ヘクトルに対する復讐心がそれに取って代わり、戦場に復帰する決意を固める。そして、いよいよ戦闘は佳境に入るが、残念ながらここでは割愛せざるをえない。壮絶なバトルの末ヘクトルを討ち果たした後、パトロクロスの盛大な火葬と華々しい葬礼競技を執り行うも、アキレウスの嘆きは晴れなかった。彼はヘクトルの遺体を十二日余りも戦車で引き摺り回した末、気が済んだのか、わが子思いのプリアモス王に遺体を引き渡している。そして「イーリアス」は、ヘクトルの遺体を囲んで人々が嘆き悲しむ場面で幕を閉じる。

このトロイア戦争は異民族間の戦いではない。応援部隊には近隣の諸部族が含まれていても、エーゲ海を取り囲む広大な周辺地域、つまりギリシア本土と小アジアにまたがる同じ民族間の戦いと見てよい。なぜなら、彼らの先祖は皆ゼウスの系統下にあったからである。アガメムノーンとメネラオスのペロプス一門はタンタロスの末裔、プリアモスとヘクトル親子はダルダノスの末裔であり、この二組の先祖はゼウスの子とされ、前者はイオニア系、後者はアイオリス系と見てよいであろう。またペーレウスの父、つまりアキレウスの祖父アイアコスもゼウスの子とされ、アイギーナという島（サラミス湾）の王であった。アキレウスは母テティスが女神で、海の翁ネーレウス（海神）の娘であるので、その存在はかなり神話的である。パリスの存在も同断であるが、両陣営の大将たちの系譜は歴史を感じさせるものがある。

彼らは同じギリシア語を話し、同じ神々を信仰しながら、ヘレネという特別な女性を巡って互いに争わざるをえなかった。神々も手伝って相手を徹底的に打ちのめしてしまったこの悲劇は、後々まで続く運命にあった。十年にも亘るこの戦争は、戦地のみならず、将兵の出身地にまで悪影響をもたらす結果となってしまった。トロイアは壊滅し、生き残った本土軍の武将もまともに本土に帰った者はディオメデスとネストルぐらいで、ほとんどが災難に見舞われ、本土に帰らなかった将兵もかなりいる。

ホメロスは、「イーリアス」の続編ではないが、「オデュッセイア」というもう一つの長編叙事詩（全二十四歌）を残している。それはトロイア戦争終結のおよそ八年後から話が始まっており、オデュッセウスは船団も部下もすべて失い、女神カリュプソの島に一人留め置かれていた。王不在のイタケーでは、ペーネロペイアを狙う求婚者たちの狼藉ぶりに家族は手を焼き、一刻も早いオデュッセウスの帰還を待ち望んでいた。そんな状態を打開すべく、息子テレマコスは島を抜け出し、父の消息を求めてまずピュロスのネストルを訊ね、次にスパルタに帰還して間もないメネラオスを訊ねる。父の安否は確認できなかったが、大きな話題はやはりアガメムノーンの暗殺事件だった。この事件は作品の底流をなし、暗い影を落としている。また、メネラウスの館では、元の鞘に納まったヘレネも顔を出して、貴重な思い出を語っている。

ヘレネは、アキレウスを弓で討ち取った夫パリスがアキレウスの息子に討たれた後、戦中にも関わらずパリスの二人の弟が彼女を奪い合う騒動に巻き込まれている。再再婚を余儀なくされるが、彼女の心はすでにトロイアから離れ故郷の方に向いていたのである。オデュッセウスが情報を求めて乞食に変装してイーリオス城に潜入した時、ヘレネはすぐに正体を見破りながらそれを隠し、秘密情報を彼に教えさえしている。さらに、娘と夫と離別したことを後悔していたと、大胆に述懐している。

アガメムノーンの事件に話を戻すと、彼は凱旋直後、トロイアから連れてきたカッサンドラ（ヘクトルの妹で予言者）と共に暗殺されてしまう。従兄弟のアイギストスと妻クリュタイムネストラによる謀殺であるが、八年後に成長した息子オレステスが父の仇討ちを果たしている。それはメネラオスが帰還する直前のことであった。一方、オデュッセウスは故郷に帰れず、漂流中危険な目に遭いながらも、今は女神カリュプソと同棲し子供までもうけている。だが彼の望郷の念は消えることはなかった。以前同棲していた魔女キルケーのもとを去る時、彼は前出のテーバイの予言者テイレシアスを冥界に訊ねていた。彼から帰郷する方策を聞き出すためであったが、その冥界で多くの霊と出会っている。その中にはもちろんアガメムノーンの霊も含まれている。オデュッセウスにとっては全く意想外の対面であり、落涙しながら亡くなった訳を尋ねると、アガメムノーンも落涙しながら、殺害された状況を無念の思いを込めて語り継いでいく。この悲しい場面は、オデュッセウスにアガメムノーンの轍を踏まずに帰郷する手掛かりを示しており、作品の主要テーマでもある。

次いでアキレウスの霊と対面するが、彼の周りにはパトロクロスやネストルの息子、大アイアースなどの霊が取り巻いていた。アキレウスは子や父の安否を尋ね、オデュッセウスはそれに親切に答えてやり、アキレウスが死してなお英雄でいる様を讃える。だがアキレウスは、貧しい農奴であっても生きていた方がよいと反論している。オデュッセウスはアイアースにも声を掛けるが、彼は黙したまま立ち去ってしまう。かつて討たれたアキレウスの武具を巡って両雄は争い、軍配はオデュッセウスに挙げられ、アイアースは失意のうちに自害してしまったからである。どうも、この世での生き様・死に様はあの世でも引きずっているようである。

最後に、オリュンポスで暮らしているヘラクレスと対面するが、それは生霊ではなく、彼の幻であった。当時すでに仮想現実なるものが存在していたかのようである。ヘラクレスの幻は、冥界の番犬ケルベロスを捕えて連れ帰った仕事（最後の功業）が一番つらかったと述懐している。一説によると、その時彼は、一足先に冥界に入って拘束されていたテーセウスを救出している。テーセウスとその相棒は無謀にも冥界の妃ペルセポネ（女神デメテルの娘で別名コレー）をさらおうと計画して冥界にもぐりこんだのであった。オデュッセウスはその二人にも面会したかったようであるが、それはかなわず冥界から退散している。

以上、ヘラクレスの幽霊が現れたところで、トロイア戦争にまつわるこの小解説を終了することにする。ホメロスが描いた時代は、農耕や牧畜のほか、青銅器や陶器の製造、また葡萄酒の醸造などが盛んに行われ、それら物産の交易で地中海の諸都市や国々は活気づいていた。主にフェニキア人やギリシア人が船舶を建造し、海上交易に携わっていた。トロイア戦争はそんな時代にエーゲ海周辺で起こり、ミケーネ文明を築き上げたギリシア人をほとんど巻き込んでしまった。その時代、小アジアのヒッタイトは消滅してしまったが、彼らが発明した鉄器が青銅器に取って代わろうとしていた。そんな時代でも彼らは神託に頼り、神々に犠牲を捧げて幸運を祈っていたのである。

ホメロスの登場人物は神を敬う武将とその関係者たちであり、彼の語りを楽しむ聴衆も神を敬う人たちであった。神話は幻影にすぎない神々を擬人化した物語であるが、ホメロスは神話の要素をうまく取り込みながら、登場する神々や人物たちの会話に重きを置いて、彼らの立場や性格をはっきりと浮かび上がらせている。その効果は演劇における台詞と同じであり、神々も人間と同じような会話をしているので、総体として人間劇（ドラマ）と見てよいであろう。彼の作品が後世の演劇や文学作品の手本となりえたのは、ホメロスが神話作者ではなく、当時としては珍しい現実主義的な物語作者だったからと考えられる。

歴史は現実に最も近い物語であり、神話は現実から最も遠い物語である。しかし、非現実的な物語が人に感銘を与えると、非現実があたかも実在するかのような錯覚をしばしば与えるのである。ホメロスはこの錯覚を十分心得ており、人間の運不運を大きく左右する予期せぬ出来事を、あたかも神々が操っているかのように感じさせる技術に長けていたのである。

ホメロスはトロイア戦争から約四、五百年も後の語り部で、ミケーネ文明は戦乱とその後のドーリス人の南下によって終息し、新たな時代を模索する時期に入っていた。青銅器の武器や武具の音、兵士の鬨の声、戦車の地響きや軍馬の嘶きは久しく遠ざかり、新たな都市（ポリス）の息吹を求め始めたのである。語り部や詩人たちが民衆にもてはやされ、民衆が自由に活動できる社会は悪い時代ではない。しかしそれも、時の為政者たちによってすぐに蹂躙されてしまうのが、人間の世界なのである。古代ギリシア人は、独裁者や専制的な統治者を排除し、民主的に為政者を選ぶ制度を作り出した最初の民族であるが、それがなかなかうまく機能しないのが政治の世界である。それから二千年以上経た今なお、その形見を我々は引きずっているのである。

〔追記〕ホメロスの約三〇〇〇年後に現れた著述家ヘロドトスは「歴史」の中で、エジプトの祭司から聞いた次のような話を披露している（巻二の一一二節以下）。

ヘレネを連れ出したパリスは途中で嵐に遭い、エジプトに漂着する。事情を知ったエジプト王は彼女と財産を手厚く保護する。そして、トロイア戦争は起こらず、この事実を知りながらホメロスは「イーリアス」を創作したと結論付けている。トロイアに到着した本土軍はそこで初めて事実を知り、メネラオス王がエジプトに向かいこの事実を確認する。しかし、待機していた本土軍はしびれを切らし、何のためにここまで来たのか、パリスを咎めずに手ぶらで帰るのかと考えるに違いない。そこで両軍の間で戦闘が始まったとしても、なんら不思議なことでもない。

トロイア戦争はホメロスの四、五百年も前の事件で、彼自身もその伝説に基づいて語っているかもしれないのである。ヘロドトスは、取材した話から簡単に推論しているが、それがもし真実なら、もっと事実検証が必要であるし、検証されたとしても、「イーリアス」の作品価値は少しも損なわれることはないであろう。

第六章

神話から宗教へ

人類が初期に信仰していた神が何であったかは不明であるが、手掛かりとなる痕跡をまず探してみることにする。石器時代は打製と磨製という加工の精度で区別されており、前者は旧石器、後者は新石器に属している。ホモ・サピエンスでもネアンデルタール人（旧人）は旧石器を使用していたが、クロマニヨン人（新人）は旧石器を脱し、矢じりや斧の刃を鋭くした新石器を使用し始めた。また、旧人は単独行動を主としていたが、新人は集団行動をとるようになり、手持ち槍を投げ槍に改良したり弓矢を発明したりして、狩猟の精度や範囲を広げていったようである。

新人類はまだ洞窟生活をしていたが、新たな狩猟時代を迎えた痕跡として洞窟内に壁画を残していた。洞窟内は昼間でも暗いので松明や獣脂油の蠟燭を使用し、また顔料や彩色の知識も持っており、かなり技術や文化程度は進んでいた。ただし、絵を描くという芸術衝動と、何かを信仰するという宗教心理を、その対象が同じであっても混同してはならない。その時代、狩猟民（漁撈を含む）がどの程度の割合を占めていたかは不明だが、全体としては食物の獲得はやはり採集がメインで、狩猟はサブと思われる。植物への依存度は高く、後の時代もその比重は地域によって差はあれ変わらなかったと思われる。なぜなら多くの動物は肉食系を除けば植物に依存しているからである。従って、壁画に描かれた動物たちが信仰の対象であったとは言い難い。信仰はもっと広い観点から捉えるべきであろう。

その後、新人類は家族的な血縁集団から地縁的な集落を形成し、農耕や牧畜を開始する。河川流域では穀物が栽培され、高原地帯では家畜の飼育が始められ、家屋も土や木材を利用して平地に建てられ、周囲には防御柵や土塁なども造られていった。青銅器時代に入る前なので、土器が盛んに製造され、その中には土偶（妊婦や動物など）も残されていた。人間の誕生や生物への関心から制作されたと思われるが、それらは地域に根差した土俗信仰の一例であり、素朴な民間信仰は現在に至るまで生きている。以上の例は、日本に当てはめると縄文時代に相当する。食物や水、あるいは余剰産物を蓄えるために、土器は大量に製造され、やがて彩色された陶器も制作されるようになる。ただし、この時代はまだ文字が発明されておらず、この時代の特徴については、近現代の文化人類学者による未開社会の調査研究が最も参考になるであろう。

次の青銅器時代に入ると、文字の使用も加わって、一大変化が生じる。集落も大きく発展し、大河川が流れる四大文明の発祥地域には都市や国が出現する。そして、彼らは自分の勢力を誇示・拡大するためにお互いに戦争を仕掛けるようになっていった。日本を例にとると、大和朝廷以前の弥生時代とそれに続く古墳時代に当たるであろう。古墳に関しては、古代エジプトのピラミッドに比肩しうるものはないが、日本でも豪族たちの古墳群が各地に点在している。時の権力者の死を悼むと同時に、死後の世界における再生の願いが込められており、宗教行事の一つと捉えることができる。そして、都市や国家が出来上がると、なぜかそこで神話も誕生するのである。

いわゆる神話は、トーテミズムのような氏族信仰を超え、大部族や民族の出自が神の姿を通して語られる。神話には、この世の始まりと人類の祖先の話が必ず含まれており、それを民族や王家の前史として組み込んでいる。征服した先住民の神話も改編しながら取り込んでいる。古代オリエントの神話では、神々は最初に水や大気、天や地として、次に太陽や月、惑星や恒星として出現し、人類は神によって創造された、というのが本筋である。ところで、日本の「古事記」上巻はそれに準じた記述もあるが、国（八島）を造り（産み）ながら、人類の出現が語られていない風変わりな書である。しかし、日本人はすべて海を渡って来た渡来人であったという歴史を考慮に入れると、島国を準備しておくだけで済んだのかもしれない。

神話が歴史にいつ登場するのかは、神話の中の記述から窺い知ることができる。古代メソポタミアの神話では、神々が運河を建設し、羊や牛の世話もしていたが、その仕事がつらいので人類を創造して彼らにその仕事を任せたとある。運河や家畜の飼育は進んだ文明の証である。「古事記」でもイザナギが、イザナミが産んだ火の神の首を帯剣ではねたとある。おそらく剣は青銅製であったであろう。高天原にはアマテラスの水田が作られ、八俣の大蛇を退治するために酒も醸造されていた。神々が身に着けていた衣服や装飾品などからも書かれた時代が推測できるのである。「古事記」上巻の時代背景は、弥生・古墳文化当たりの情景が眼に浮かんでくる。

ちなみに、古代メソポタミアの神話は紀元前三〇〇〇年頃にチグリス・ユーフラテス下流の都市ウルクを建設したシュメール人の神話が元になっている。では「古事記」（七一二年）の神話は何を元にして制作されたのであろうか。それに、日本語を漢字で表記する作業は並みの学者にできるはずがない。漢の神話（原始の巨人・盤古の伝説）を援用した形跡も見られるので、作者は中国大陸または朝鮮半島から渡来した家系の人物と思われるが、これは推測の域を出ない。ついでながら、男女の交合で島国や火の神を産み出すシュールなイメージや、火の神を出産したあと火傷で亡くなったイザナミのその後のリアルな描写などは、並みの神話作者の技ではない。しかし、王朝を権威付けるためとはいえ、かなり荒唐無稽な創作となっている。

さて、以上は前置きとし、ここから神と人間の交流から産み出された宗教の話に移ることにする。

初期の神話や律法書は、神への信仰と神の正義に基づいて書かれている。神々は人間と同じように互いに争い、世代交代を経て、人間に恵みをもたらす一方、重い罰も課す恐ろしい存在でもあった。古代の都市や国家の建設者たちは神殿を建立し、神話で自分たちの神々を讃えた。そして、その神話の中に、神の恩寵を受ける人物が登場し、神と人間の密接な関係が新たな宗教を産み出す契機となっていった。最初の例はシュメール神話の洪水伝説で、他の全ての人間が洪水で死滅してしまうのに、一家族だけが神の助言で造った箱舟で助かるという物語である。この家族の夫婦は神によってさらに不死身となり、アッカド神話の英雄ギルガメシュが不死の秘訣を教わるために訊ね当てた人物と同一であるように思われる。

この物語を模して作られたのが旧約聖書「創世記」のノアの洪水神話で、彼の一家だけが神の恩寵を受けて助けられる。この例外は子孫のアブラハム一族へと引き継がれていく。彼の一家はバビロニア地域のセム語系の一氏族から分かれた普通の遊牧民であった。だが、ある日突然、アブラハムの夢想（イリュージョン）の中に神ヤハウェが現れて彼に語り掛ける。夢や夢想の中に神が現れるのは物語としては普通だが、神が変身してアブラハムや彼の甥ロト、さらに孫ヤコブの前に姿を現すのは神話としか言いようがない。これを契機に「出エジプト記」では、ヤコブの息子レビの子孫に当たるモーセには神が付きっきりで、彼と一対一の問答まで行っている。モーセを除いて上記の人物たちは神から一方的に話しかけられ、いわゆる対話はないとしても、「神のことば」を聞き、それに従った人たちである。

そこでまず、「神のことば」を取り上げてみたい。歴史的には神に仕える祭司や巫女たちがいて、神のお告げを求める人たちに神託を授けていた。神託を受けた人たちは、その予言の意味を自分なりに解釈していた。しかし、神託が誤ったりすると、神託所が破壊されたり、祭司が殺害されることもあり、信用度は絶対的とは言い難かったようである。彼らはいわば職業人であり、神の恩寵を受けた人々ではなかった。神話でも「神のことば」を受けた人は例外的で、旧約聖書の作者たちはそこに目を付けたのかもしれない。「ことばを話す神」とは一体何者であるかをまず探り、それから「神のことば」を解明していきたい。

ことばは部族など共同体の成員が生活圏の情報をお互いに共有するために産み出した音声記号である。人の口（発生器）から発せられたことばは、音波（空気の振動）として人の耳（聴覚器）に伝わる。空気は眼に見えないので音波も見えないが、ことばは空気の存在を前提とし、必ず音波として伝わらねばならない。後に文字が発明されるが、音声に変換して読むのでこの原則は変わることがない。これは、ことばの物理的性質であり、発声器官と受容器官、およびその間を結ぶ音波が必ず存在しなければならない。これがことばの第一要件である。そして、ことばの担い手はそのことばを学習した共同体の人たちで、部族ごとに独自の言語を持ったため、地球上にはたくさんの言語が誕生したのである。

次に、ことばは記号という性質を持っており、外界に存在する事物や現象を知覚によって認識し、その対象物に名を付けてことばとして共有する。ことばは人間およびその生活圏全体に及び、技術や知識の発展と共に指示対象の範囲を拡大・細分化していった。ことばの第二の要件は人の知覚機能であり、ことばは知覚器官が受容した対象物の知覚イメージと結び付いて成立する。もちろん、対象となる自然や人間の存在は先行条件であり、この存在なくしてことばは成立しない。ただし、脳に記憶されてしまえば、眼の前に外界の対象物が存在していなくても、ことばは使用できるのである。知覚イメージは視覚・聴覚・嗅覚・触覚・味覚などの複合的な組み合わせで構成されているため、同じことばであっても、個人によってその内容に差が出て来るのは当然である。従って、ことばによる伝達は発信者と受信者との間にズレが生じる場合も多い。

以上の二つの要件は、進化した人類の脳の働きや声帯の発達によるものである。実際には、人と人との会話によってことばは文法的に確立し、豊かになっていった。原人や初期のホモ・サピエンスがどういう会話を交わしていたかは不明であるが、未開社会の人たちの生活を参考にして類推する方法もある。日常的な会話の他、祈禱や占い、儀式や祭り、民謡や民話などの資料も見出せるかもしれない。もちろん、古代人の会話は残っておらず、文字が刻まれた書板や石碑が発見されるようになって、やっと歴史が見えるようになったのである。

さて、二人の古代人が会話をしており、そこに第三者が声をかけて来たと仮定する。第三者が発する声が共同体と同じことばであれば、会話をしている人たちは誰でも聞き取れるはずである。そして、この第三者が神であっても、神のことばはその場にいる誰にでも聞こえなければならず、それが本来のことばである。ところが、古代の作者たちは、この言語の本質を知らずして、「神のことば」を預言者など特定の人物にだけ聞こえるように設定したのである。しかし、特定の人物にしか聞こえないことばなど存在しない、なぜなら、ことばは共同体の誰もが聞こえる音声だからである。従って、第三者としての神は、特定の人物の頭の中にしか存在していない、すなわち、「ことばを話す神」は現実には人の夢想や思念の中にしか存在しえないのである。自分の脳裏に神が現れ、何かを語っているという意識は、幻覚状態にあるとしか言いようがない。

神は第三者として存在しないという最も良い例を、皮肉にも「コーラン」が証明している。この聖典は、教祖ムハンマドが神懸かりの状態になって口走ったことばを筆記者が書き留めた記録である。教祖は神のことばをそのまま口で伝えており、筆記者は教祖の口から洩れることばに耳を澄ましているだけである。異様な光景であるが、教祖は無我状態で自分が何を語っているのか記憶がなかったようである。おそらく、後で記述された文書の内容を知って、聖典として納得したのであろう。もし筆記者がいなかったら聖典は作成されないわけで、その存在は作者に匹敵する。もし神が教祖の頭の外で語っているならば、筆記者も教祖と同次元で神のことばを聞くことができるが、神が教祖の頭の中ではどうしようもない。教祖の意識は神アッラーと一体となっており、彼が語ることばが「神のことば」つまり「コーラン」とされたのである。だが後述するように、その主要部はユダヤ人の聖典から学習した内容と彼自身の体験がほとんどを占めている。

「創世記」のアブラハムの場合は神は彼の夢や夢想の中に現れ、「出エジプト記」のモーセの場合は姿を見せずに声だけで彼と会話を交わしている。いずれも他の人間には気付かれないように、彼らの意識に現れている。神は預言者あるいは特定の人物たちに現れて語るという発想は、秘教めいているが、むしろその方が共同体の人々を説得しやすいと作者は考えたのかもしれない。なぜなら、「神のことば」は民衆にとって絶対的であらねばならないからである。特にモーセの場合は、神が命じたエジプト脱出と神が授けた律法を民衆に伝える役割を担っていたので、預言者というより政治かつ宗教指導者と見た方が妥当である。旧約聖書の最初の五巻がモーセ五書と呼ばれるのも彼の存在の大きさを物語っている。イスラエル建国後に作成された資料なので、アブラハムやモーセたちはあくまで伝説上の預言者に留まっており、ヤハウェの熱い信奉者であっても、いわゆる教祖ではない。ついでながら、神によるアブラハムとの約束（カナンの地）、ヤコブの改名（イスラエル）、モーセの使命（出エジプト）は、おそらくイスラエル建国を正当化するためにヤハウェに仕える祭司たちが創作したものと考えることもできる。「旧約聖書」は神話と歴史が混在しており、聖典としては「コーラン」とは性格を異にしている。

旧約聖書はイスラエル王国に続きユダヤ王国も滅亡したために、最初のヤハウェ資料に手が加えられた。ヤハウェに導かれて築いた国が崩壊してしまったのである。イスラエル（ユダヤ）人にとっては大きな衝撃であり、その後は苦難の連続となった。ユダヤ教が成立したのは、バビロン捕囚がペルシア軍によって解放された前六世紀とされる。メシヤ（救世主）や最後の審判などの思想が考案されたのもその時代であろう。それに準じて「創世記」の第一章が書き加えられ、ヤハウェは霊となって（神霊として）登場したのである。それ以降、普通名詞の神がヤハウェの名と混在するようになった。キリスト教の成立によって、ラテン語化されたためか、現在流布している「聖書」では、ヤハウェの名はすっかり消え去っている。そのヤハウェに代わって七世紀に登場したのが、イスラム教の神アッラーである。

繰り返しになるが、神はもともと共同体の守護神あるいはシンボルとして信奉され、通常は固有名詞で呼ばれてきた。神は人間以外の自然物や自然現象であったが、男女別に擬人化されて神話に登場するようになる。ヘブライ人の神ヤハウェもメソポタミアの男神であったはずであるが、当初の由来は不明である。ヤハウェはモーセの時代に、自分以外の神を信仰することを禁じ、偶像を拝む代わりに安息日に神を礼拝する規則を設けている。さらにアーク（箱）を作ってそこに神の証言を収めるように命じるが、それらの祭儀はユダヤ教成立時に確立されたと考えることもできる。もちろん、「創世記」第一章の神が六日間で世界を創造して翌日は休息したという話も、その時に加筆されたのであろう。鍵は安息日がいつの時代に定着したかである。

ユダヤ教が成立した前六世紀ギリシアではポリスの形成が進み、自然哲学が発展する時期を迎え、タレスやピタゴラスを輩出している。ギリシア人は、神は不死で人間は死すべき存在と定義し、神々は天上界で暮らし、人間は死ぬと霊となって地下の冥界で暮らすと信じていた。だが彼らは、神は別世界の存在であると区別し、自然や人間の生活に直接眼を向け始めたのである。

前五世紀に入るとすぐペルシア軍の侵攻が始まる。ペルシアはギリシアと同じ印欧語系アーリア人が主導する国家で、メソポタミアに隣接する都市スサを中心に栄え、オリエントを最初に統一した強大国であった。彼ら（アケメネス朝）は新バビロニアを滅ぼし、バビロンに捕囚されていたユダヤ人を解放してエジプトまで勢力を伸ばしている。ちなみに、ハンムラビ法典の石碑はスサで発見されており、そのペルシア語訳を手掛かりとしてメソポタミアの楔形文字が解読されたという説もある。約二〇年間も続いたペルシア戦争を、ギリシア同盟軍は苦闘の末なんとか乗り切った。以来、演劇ではアイスキュロスやアリストファネス、歴史ではヘロドトス、哲学ではソクラテスなどが輩出する。オリエント世界を長らく支配していたペルシアは前四世紀末にマケドニアのアレクサンドロス大王によって滅ぼされる。大王は急逝してしまうが、しばらくはギリシア文化（ヘレニズム）がオリエント地域に浸透し、その後ローマ帝国がメソポタミア地域を除いてその遺産を引き継ぐ形となった。ユダヤ人の王朝も前二世紀半ばに復活したようであるが、イエスが誕生した時はローマの属国としてヘロデが王位に就いていた。

さてここで話を切り替え、二人の教祖イエスとムハンマドに照準を当て、新たな宗教の出現を考えることにする。すでにインドでは共同体の宗教となっていたバラモン教の下、前六世紀頃にジャイナ教や仏教など諸宗が出現し、民衆の中に浸透していった。彼らは修行僧として全国を行脚し、断食や座禅など厳しい修行を重ね、その内の悟りを得た人物が教祖となったようである。この教祖たちはどれほど尊敬されようとも神と見なされることはなかった。仏教を例に採ると、悟りを得た人たちは菩薩や如来などの尊称で呼ばれ、天の神である梵天（ブラーフマン）や帝釈天（インドラ）は守護神として信奉されていた。そこが中東の二人の教祖と大きく異なるところである。

イエスの誕生は、最初の「マタイ伝」によると、神が聖霊（ホウリ・ゴースト）となってマリアを身籠らせてイエスが誕生する。漂う神の霊（スピリット）が聖霊となったのであろう。だが系図はマリアの夫ヨセフのものが示されている。これは、ギリシア神話で天を支配するゼウスがアルクメネにヘラクレスを産ませたのと同じ構図である。ヘラクレスは人間として生き、死後神として祀られる。イエスの場合は神から神の子であることを告げられ、彼も弟子たちに自分がキリスト（メシア）であることを告げている。「福音書」

を宣教のために脚色された創作と見なせるが、神の子を名乗る人物が現れ、彼の噂を聞き付けて民衆が集まって来たとしても不思議な話ではない。いずれにせよ、キリスト教は弾圧されながらも、また内部抗争で分裂しながらも現在まで生き続けてきたのである。

さて、イエスが洗礼を受けたバプテスマのヨハネは「悔い改めよ、天国は近づいた」と主唱し、イエスがそれを引き継いで伝道活動を続けたことは、宗教上新たなヴィジョンを切り開いた。なぜなら、天国（キングダム・オブ・ヘブン）とは、主（ロード）なる神が君臨する天の王国（神の国）であったからである。これに地上の王、特にローマ帝国の王たちは驚愕したことであろう。彼らはギリシア文化の影響を強く受けており、天上には彼らが信仰する神々がすでに鎮座していたからである。また、最後の審判で死者たちが復活すると信じていた多くのユダヤ人たちは、この天国の出現に大いに困惑したことであろう。イエスがメシアとしてキリストを名乗り、彼の神は共同体のシンボルである神の概念を超えてしまったからである。キリスト教はユダヤ教の胎内にあった教義を部分的に切り離し、その培養に長い時間をかけて成功したのである。

天国も神も人間の想像力でしか捉えることができないので、レトリックに富んだイエスのことばは民衆にとって理解しにくかったであろう。自分の罪を告白し、悔い改めた人には天国の門が開かれているとは言え、イエスはかなり厳しい条件を付けている（狭き門であった）。イエスは天国については喩えでしか語らず、天国に入るための人間の資質、つまり人がどのような信念を持って生活しているかを重要視している。その内容は道徳として普遍性があり、信徒でなくても傾聴すべき文言は多々ある。その点、仏教など東洋思想と比べても遜色ない。道徳的側面だけでなく、寺院などの建築物や、絵画・彫像・音楽などの芸術作品を比べてみるのも面白いかもしれない。

イエスは天国のイメージを世俗的な事例で説明しようと試みるが、天国を現実の世界に移し替えたと思われる場面は随所に見られる。例えば、神の手によって病人が癒されたり、食べ物が足りないとすぐ用意されたりする場面である。それらはイエスによる奇蹟とされ、民衆にとっては待ち望んでいた理想郷（ユートピア）、つまりそこが天国であるかのようなイメージを与えている。ただし、イエスの医療行為は評価が分かれる。病人に対する思いやりや治療はよいとしても、病人から悪霊を追い払うのは祈禱師や呪術師の手口なのである。ましてや、死者を蘇らせる行為は反自然的であるばかりか悪夢とさえ言える。イエスが関係者にそのことを口止めした真意は分からないが、生き返った死者はいずれ死に至るのである。しかし、キリスト教はそれをイエスの奇蹟として讃える。ギリシア神話では、冥界の死者を蘇らせた医術の祖アスクレピオス（アポロンの子とされる）はゼウスの雷霆で罰せられている。人間の死すべき運命に逆らう再生は御法度なのである。死からの再生は古代からの儚い夢にすぎず、ミイラはミイラのままなのである。

イエスの天国思想は、そこに入れるように人間を導くことに主眼が置かれている。イエスは慎ましい人、悲しむ人、義に厚い人たちを讃えており、欲深い者、不正を働く者たちはアウトである。ただし悔い改めれば天国への道は開かれますよ、と諭す。またイエスは神と富を二人の主人に喩え、人はどちらかに仕えることになると説きながら、勤勉な労働や合法的な殖財は奨励している。この点は、後のプロテスタントの倫理につながるであろう。だが、イエスの目標は道徳の追求ではなく、モーセに続く宗教改革にあった。イエスは安息日や礼拝、断食などの儀礼を解釈変更し、当時のユダヤ社会を抑えていた長老や祭司長、律法学者たちに対抗した。さらに天国思想に加え、大胆にも自らメシア（キリスト）と名乗るまでに至ったのである。その目的達成のためには十字架に架けられることも覚悟していた。イエスを十字架に送ったユダヤ人の多くは彼を異端者と見なしたが、信者たちは彼をメシアと認め、イエスはキリスト教の最初の殉教者となったのである。

バプテスマのヨハネが天国思想を創案し、イエスがその教えを広め、その伝道活動をまとめた物語が四つの「福音書」である。作者はマタイ・マルコ・ルカ・ヨハネと時代を経て続き、いずれもキリスト教の熱心な信者か、あるいはユダヤ教からキリスト教に改宗した人と思われる。福音書は明らかに布教目的のために作成された文書（あるいは書簡）で、イエスを神格化するあまり、虚実が入り混じってイエスの実像を捉えにくくしている。この特異なカリスマ、イエス・キリストをめぐっては、後に論争が起こり、彼を神と同一視するアタナシウス派と、彼を人と見なすアリウス派とに教団は分裂する。「福音書」が「旧約聖書」と異なるのは、イエス自身が弟子や民衆に語ることばが記載されていることである。旧約では神ヤハウェが預言者に密かに語ることばが披露されるが、イエスは自分の考えを自在に表現している。人に聞こえることばは人の声であり、いわゆる「神のことば」は人の声ではなく、個人の思念あるいは想像の中で創作された文章なのである

ユダヤ人はローマ帝国の各地に拡散し（ディアスポラ）、キリスト教徒もその中に混じって布教に努めていたであろう。帝国に弾圧されたキリスト教徒たちは、洞窟などで密かに祈りを捧げていたようで、その痕跡がヨーロッパだけでなく小アジア方面でも発見されている。キリスト教はローマの諸皇帝に長い間迫害を受けていたが、コンスタンティヌス帝によって公認され、教団の努力はようやく実を結んだ（三一三年）。アタナシウス派の三

位一体説が正統教義となったが、アリウス派の教義も後に再認されて北ヨーロッパへと伝わっている。国教として権力に保護されたキリスト教団はやがて体制に組み込まれていくことになる。それでも、キリスト教はバプテスマなどの儀礼を通じ、神と個人の結びつきを重視する宗教なので、ローマ教会とは別に、新たな信仰の形を模索する人は後を絶たなかった。

コンスタンティヌス帝は首都をローマからコンスタンティノープルに移すが（三三〇年）、彼の死後ローマ帝国は東西に分裂する（三九五年）。その前後からゲルマン人の大移動が始まり、それが引き金となって西ローマ帝国は五世紀後半に滅亡している。東ローマ帝国（ビザンツ帝国）はササン朝ペルシアやイスラム勢力と対峙しながらも、一時衰えるが一五世紀頃まで続いている。そのイスラム勢力の基礎を築いたのが、「コーラン」を産み出した預言者ムハンマドであった。

ムハンマドが誕生した六世紀のオリエントは、ビザンツ帝国が小アジアからシリア、パレスチナ、エジプトまでを統治し、ササン朝ペルシアがメソポタミア地域を統治していた。アラビア半島西部のメッカやメディナは交易都市として栄え、両国の支配は受けていなかったようである。メッカで生まれたムハンマドは両親に早く先立たれ、親戚に預けられて育てられた。彼は大商家に雇われて成長し、そこの未亡人に認められて彼女と結ばれる。商家の主人として彼は裕福な暮らしを手に入れたわけである。交易商人たちはアラビア海から地中海に至る地域をラクダの隊商を作って移動し、南の物産を北に、北の物産を南に運んで売りさばいていた。隊商の一員としてあるいはボスとしてムハンマドも加わり、各地の情報を摑んでいたであろう。彼の関心は宗教にも向けられ、特にシリア・キリス教に精通していたようである。そして、彼は四〇歳過ぎてから預言者になるべく決意し、それが成就するまで約十年の歳月を要したとされる。

ムハンマドの目標はモーセ（ムーサー）のような律法の預言者になることであった。瞑想の末、彼に現れた神アッラーは、ヘブライ人の神と全く同一であったが、なぜかヤハウェの名は消え去っていた。「コーラン」の神はアダムを創った神であり、ノアの神であり、アブラハムやヤコブの神であり、モーセの神であった。そのことを何度も繰り返し語るだけでなく、アッラーはさらに、マリアによるイエス（イーサー）の誕生も自分の計らいであったと述べている。イエスの死から約五世紀半、今度はアラブ人の神として登場する。セム語系の中東部族で同じような歴史を歩んできたので、言語の違いは問題なかったと考えられる。それにしてもムハンマドは「聖書」に驚くほど精通しており、その記憶から「コーラン」は紡ぎ出され、イスラム教の聖典となったのである。

預言者の口から洩れ出る「神のことば」は、初めはおぼつかない語りであったが、徐々に無我状態をコントロールできるようになり、語り口は繰り返しやことばの省略が多く、読む文章というより、耳で聞く文章といってよい。しかし神だけが語っているのではなく、預言者も口を挟んでフォローしたり、信者の質問にはこう答えるがよいと、神も預言者にアドバイスしたりして、この主従は「我ら」という呼称で一体化している。しかし、特殊な事情のせいか「コーラン」は新しく筆記された部分が前に置かれ、古いものほど後になるように編纂されている（配列順は不規則である）。おそらく最も重要な事項が後の方で語られているため、前後を入れ替えたと思われる。生の口述筆記といい、前後を入れ替えた編纂方針といい、とにかく聖典としては実にユニークな作りとなっている。

次に、神と預言者が最も強調している事柄を取り出して検討することにする。まず信仰に関することで、神は無信仰者が多いことを嘆き、預言者は神を信じない人間がいる状態を怪訝に感じている。しかし実情は、人が神に出会うのは、神ということばであり、祭礼に使われる御神体などであって、人は生まれながらにして信者であるわけではない。神に先んじて人が出会うのは彼を取り巻く人間と自然であることを認識すべきであろう。また、人は願望や希望を抱き、その願いが叶うよう心に念じるが、必ずしも神に祈るわけではない。けれど「創世記」に従って人間や自然まで神が創造したと信じる預言者は、何よりも信仰を優先させる。そして無信仰者には手厳しく、冒瀆者や敵対者に対しては地獄の沙汰をちらつかせるのである。

預言者はさらに、偶像を造って神を祀る人たちを非難し、その神を邪神と決めつける。これは旧約の十戒に関連するが、彼は同胞の偶像だけでなく、異民族の偶像にまで干渉し始めたのである。モーセの神は、よその神ではなく自分を唯一神（主の神）とし、偶像を造ってはならぬと言明しただけである。しかし、彼は多神教を否定し、偶像の破壊を正当化した。それが原因でメッカを追われた預言者は一旦メディナに避難する。メディナはユダヤ人の富裕層が支配していた安全地帯であったので、彼は「コーラン」の残り半分をそこで完成させている。その後、彼は武装勢力を率いてメッカに乗り込み、カアバ神殿に祭られた偶像をことごとく破壊している（無血革命）。ちなみに、イエスも宮清めと称してエルサレム神殿の庭から家畜や商売人を追い払っているが、彼はエルサレム神殿に倣って偶像破壊を行ったのかもしれない。そして、戦いで得た戦利品は神と使徒の物として信徒たちに配分される。彼らは聖なる戦い（ジハード）であれば、自分の財産や生命を神に捧げねばならない、これも戒律の一つなのである。

「コーラン」にはもう一つ特徴がある。それは現世における律法の順守と来世における復活とがセットになっていることである。これもユダヤ人の宗教から学んだことで、最後の審判と復活は将来に対する手形のようなものである。苦しくても善行を重ねておけば、神はその人を最後の審判でエデンの楽園へ送り、そうでない悪人は地獄に落とすという来世思想である。イエスの天国（神の国）と似ているのは、悪人でも悔い改めれば神の慈悲が与えられるのである。楽園では水や食物が豊富で、清純な妻を得られ、現世では罪悪とされる酒も好きなだけ飲める桃源郷なのである。神は何でもお見通しで、人の行いの善悪はすべて帳簿に付けてあると語るのは、いかにも商人らしい発想である。その一方で、現世は快楽を求めるまやかしの世界であるとも語っている。天国や楽園は夢や想像の世界であるとしても、現世に対するアンチテーゼであり、未来のヴィジョンでもあるので簡単に無視するわけにはいかない。だからといって、過去に関してフィクションを作り、それが真実であるかのように言ってはならないのである（神による天地創造など）。

律法で最重要視されている項目としては、家族や親類縁者だけでなく、孤児や貧者に対する思いやりと支援、そして喜捨が挙げられている（資金援助による利息取り立ては禁じられている）。災害や病気、あるいは戦争などで家族や住居を失い路頭に迷っている人たちで、その中には旅人も含まれている。自然災害や戦争が無くならない限り今後もずっと続く課題なので、これは預言者による社会福祉の先取りである。ただし、当時はまだ奴隷制や悪習が存在しており、また家父長制社会で女性の権利が制限され、現代でも課題として残っていることも、念頭に置いておかねばならない。

イスラム教の儀礼である礼拝や巡礼、断食などについても詳しく語られているが、ここでは割愛せざるをえない。イスラム教の律法は総じて、唯一神に帰依する信徒の結束や同胞愛に重点が置かれ、強固な地域的民族主義となる傾向を帯びている。他地域で独自の発展を遂げてきた民族を異教徒扱いして攻撃すれば、逆に彼らによって攻撃されても、同じ論理なので文句の付けようがない。神はその地域の共同体のシンボルなので、お互いに尊重せねばならないし、同様に各地域の社会習俗もお互いに尊重せねばならない。教祖ムハンマドが「聖書」の枠を超えて独自の律法を作り上げた情熱は理解できても、自分の宗教だけが唯一正当であるという論理は信徒の間でしか通用しない。だがこの絶対主義は、宗教の世界だけでなく政治の世界にまで及ぶのであった。その根拠は、神が天地を創造したので、天の王国も地の王国も神のものだという政教一致の論理にあった。

天地創造は、ユダヤ人が王国を失った後に旧約の冒頭に追加した文章である。それを知ってか、アッラーの神は次のように語る。ユダヤ王国を滅亡させたのは自分である、なぜなら彼らが悪業を働いたからである、と。さらに、ユダヤ人に対しては、イエス・キリストの殺害や利息の取り立ての件などで、かなり手厳しい。また、イエスは神の領域とカイザー（皇帝）の領域とを区別したが、「コーラン」は上述の理由でそれを否定したのである。預言者もイエスをメシアとして認めているが、あくまで神の使徒と見なし、イエスの死後に彼を神としたキリスト教の信者は邪宗の徒であると決めつけている。神アッラーはユダヤ人の神として渡り歩いた後アラブ人の神として返り咲いたのである。要するに、神は自分の過去を回顧しながら、新たな聖典を預言者に授けたのである。

イスラム勢力が興隆すると、パレスチナ・シリアへと進出してササン朝ペルシアを打倒し、ビザンツ帝国と対峙することになる。その後、西はアフリカからイベリア半島に、東は中央アジアにまで浸透していった。この逞しさは、ラクダの隊商を作って各地と交易し、地域の情報を色々と仕入れていたからであろう。そして、かつてヘロドトスがヨーロッパ（ギリシア側）とアジア（ペルシア側）を分かつ境界線に沿って、キリスト教国とイスラム教国の対立は今日までも根強く続いている。

終わりに、ことばの本質から二大宗教を考えながら、この章を閉じることにする。ことばは人の口から人の耳に伝わる音声記号で、それは指示対象から受容した知覚イメージと結びついているのが原則である。

イエスは覚醒状態で民衆に「福音」を説き、その言動が記録されて「福音書」ができた。ムハンマドは無我状態（あるいは瞑想状態）にあって自分の口から「コーラン」を説き、その声が記録されて聖典となった。キリスト教もイスラム教も、神は登場するが、紛れもなく人間が創った宗教であり、教祖たちの思想が色濃く反映されている。

前者はバプテスマのヨハネとイエスの思想および弟子と伝記作者たちの尽力で実現した合作であるが、後者はムハンマド一人の努力で実現した神業の作品である。演劇に喩えれば、彼は演出家・劇作家・俳優の三役を一人でやり遂げたことになる。神が民衆を直接導けば済むことを、彼らがなぜそこまで努力しなければならなかったのか。ここに宗教の謎が隠されている。その理由は、神を霊（スピリット）として預言者など特定の人物の精神（スピリット）に降りるように物語を創ったからである。神に離反した天使はサタン（悪霊）

として悪人や病人に憑依するように話を作っている。預言者の夢想や幻想、また思念の中に現れる神は、本人が産み出したイメージに過ぎないのに、信心深い宗教人は神があたかも実在しているかのような錯覚に陥る。伝承や伝説はどこまでが事実で何が架空の話なのか、なかなか区別が付けにくい。聖典など特に権威ある書物については、それが本当にあった話として信じられてしまうのであろう。

聖典あるいは伝承に含まれる社会習俗、タブーや律法などは先祖が残した遺産であり、人間が決めた歴史的制度である。それをどう変え、継承していくかは共同体の判断に委ねられるのが正常と思われる。しかし、神（権威）が決めたと信じると、それを検討する自由さえ奪われてしまう。それは政教一致の国家だけでなく、民族の伝統や為政者の権威を重んじる国家にも当てはまる現象である。

人間の生態や社会システムをどう見直したら、理想的な共同体が作れるのか。新たなヴィジョンが見つからなければ旧態依然のままとなる、厄介な問題なのである。

あとがき

最初に構想していたのは「人間、この厄介な存在」というエッセーであった。人間のことば、生命、共同体の問題を雑学的に風刺を込めて論じるつもりであったが、ことばの問題で文字をテーマにしたとき、古代史と資料に魅かれ、その世界に入り込んでしまった。ことばと古典については、一応まとまったので、小論として刊行することにした。ことばの使用は人体の脳の発達によって獲得された一能力で、人類の進化の賜物である。しかし、ことばで表現された神話によって人類史は闇の中に隠されてしまった。古代人が神で覆い隠してしまった人類本来の姿を明らかにすることが本書の目的でもある。人間の生命や共同体に関しても多少触れているが、根底にある考えは同じなので、この場を借りてもう少し触れておくことにする。

人は一個の生命体として誕生し、共同体の一員として暮らし、その生涯を終える。人類はずっとそうしてきたし、さらに遡ると動植物の誕生や生命の起源にまで至る。多くの生物が進化して現在に至っているが、人類も例外ではない。進化とは、単細胞が分裂・増殖し、複雑な器官や神経組織を備えた多細胞の生物へと変異する過程である。人間も種として進化し、直立歩行によってことばを使用する能力も獲得した。この時点で、いわゆる野生時代が終わったとする説や、まだ人類は未開のままで、文字を発明した時点で文明時代に入ったと考える人もいる。遺伝子にはその進化の過程が刻まれており、生命誕生と進化は、太陽系の一惑星である地球で生起した出来事なのである。従って、我々は地球環境のレベルで動植物の生態や人間社会の実態を論じるべきであろう。

土地柄や気候などの地理的条件が生物に与える影響は大きく、人類の食糧事情もそれに左右されてきた。生物の遺伝子には子孫を残し繁栄させるための様々な工夫が施されており、人類もその例外ではない。人類は道具を作り、ことばを使う能力を獲得していくが、他の動物と同じく男女が成熟して自然に生殖を行えるように、遺伝子は巧妙に仕組まれている。生命現象は意識下で進行するため、我々はそれを意識せずに行動することが多く、せいぜい呼吸や心臓の鼓動、体感温度、身体の痛みなどを感じる程度である。そして、生と死は個体に一つのセットとして与えられている。

生殖期が過ぎると世代交替となり、遺伝子に組み込まれた死のスイッチが作動し始める。

人の死は体験的に知ってはいるものの、生命体の遺伝子に死がすでに書き込まれているとは、やはり驚きである。死とは、自然から誕生した生命が分解して再び自然に還る過程である。古代人も最初は不老不死に強い関心を抱いていたが、死は避けられない運命と悟るようになり、死後の世界や来世に望みを託すようになった。宗教がその担い手となったが、生死に関する興味深い説は古来からいくつも残されている。人生をいかに生きるかが出発点となるが、現世に失望する人や絶望する人も少なくない。来世思想の他にも、ユニークな現世否定説や現世幻想説なども文学・思想の分野で発見できる。

生命のテーマとして自殺や死刑制度、延命治療や臓器移植などもその範囲であるが、人権尊重の立場からどこまで踏み込めるかが問題となる。死因からみると、疫病や自然災害の犠牲者は後を絶たず痛ましいが、紛争地帯での戦死者の報道も途切れず、嘆かわしい限りである。

遺伝子は人体に関する情報が主で、社会的情報は、性別を除いてほとんど書き込まれていない。産まれた子は、身分や地位が遺伝子に書き込まれていないのに親の境遇下で育ち、社会に巣立っていく。共同体は年齢層・世代層に性別を加えると、人口が増えるほど複雑になっていく。その時、共同体がどのような制度の下で統治されていたかが問題なのである。ホモ・サピエンスの時代になって血縁集団から地縁集団へと規模が拡大し、文明地域では都市や国家が建設されるようになった。そこでは身分制や階級制が敷かれ、さらに近隣部族との戦争によって奴隷制まで産み出された。遺伝子には君主や平民、奴隷などの身分は書き込まれていない、だからといって、人はみな平等であるとも書き込まれていないのである。問題はそこにあり、差別と平等は背中合わせになっている。

諸制度は共同体が人為的に造り出したもので、権力や富の集中が起これば、政治的差別や経済的不平等が必ず付きまとう。法規や社会制度は人間が作り上げたもので、それに欠陥があれば改編されねばならない。これまで、人権は徐々に拡張されて来たが、自由の権利や知る権利は法的にまだまだ制限されている。法の運用は行政側にあり、選択肢がすべて民衆の判断に委ねられているわけではない。それに、判断のもとになる情報が意図的に操作されている可能性もあるので、冷静な判断が求められる。

古来、情報はことばによって伝えられてきたが、文字が社会全般に普及すると政治は大きく変化してきた。近代に入ってから印刷物が、現代ではラジオ・テレビが普及し、昨今では個々人の手元で様々な情報が開示できるようになった。だが、そうした情報手段の多くは限られた企業集団（あるいは為政者）に握られており、情報の流通は彼らの判断に委ねられている。電子技術の発展した国では、構築されたネットワークの中で個人の情報や、金と物の流れがコントロールされている。資本主義は経済制度であるが、このネットワーク市場は郵便や電話と共に社会制度として定着したことになる。共同体のテーマとして、新聞やテレビなどのメディアに加え、ソーシャル・ネットワークも、人権尊重の観点から今後の大きな課題となる。

二〇二四年五月

著者

〔文献一覧〕 出版年度省略

『メソポタミアの神話』矢島文夫著（世界の神話、筑摩書房）
『エジプトの神話』矢島文夫著（世界の神話、筑摩書房）
『ハンムラビ法典』中田一郎訳（リトン）
『古代オリエント全史』小林登志子著（中公新書）

＊

『ギリシア神話』R・グレーヴス 高杉一郎訳（上下巻、紀伊國屋書店）
『神統記』ヘシオドス 廣川洋一訳（岩波文庫）
『ギリシア神話』アポロドーロス 高津春繁訳（岩波文庫）
『ホメーロス』（世界文学大系、筑摩書房）収録
「オデュッセイア」高津春繁訳、「イーリアス」呉茂一訳
『イリアス』ホメロス 松平千秋訳（上下巻、岩波文庫）
『アガメムノーン』アイスキュロス 久保正彰訳（岩波文庫）
『歴 史』ヘロドトス 松平千秋訳（上中下巻、岩波文庫）
『図説古代ギリシア』J・キャンプ／E・フィッシャー 吉岡晶子訳（東京書籍）

＊

『聖 書』（日本聖書協会）
"*THE HOIY BIBLE*" King James Version（Random Haus P.G.）

『旧約聖書　創世記』関根正雄訳（岩波文庫）
『旧約聖書　出エジプト記』関根正雄訳（岩波文庫）
『禁忌の聖書学』山本七平著（新潮社）
『コーラン』井筒俊彦訳（上中下巻、岩波文庫）

＊

『ラスコーの壁画』G・バタイユ　出口裕弘訳（二見書房）
『アルタミラ洞窟絵画』（岩波書店）
『暦と時間の歴史』L・ホルフォード・ストレブンズ　正宗聡訳（丸善出版）
『暦と占い』永田久著（講談社学術文庫）
『マリノフスキー／レヴィ＝ストロース』（世界の名著、中央公論社）収録
「西太平洋の遠洋航海者」マリノフスキー　寺田和夫・増田義郎訳
「悲しき熱帯」レヴィ＝ストロース　川田順造訳
『野生の思考』C・レヴィ＝ストロース　大橋保夫訳（みすず書房）
『詳説　世界史図録』第四版（山川出版社）

＊

『中国の神話』君島久子著（世界の神話、筑摩書房）
『古事記・日本書紀』福永武彦訳（日本古典文庫、河出書房新社）
『日本史総合図録』増補版（山川出版社）

人類のことばと古代神話

二〇二四年九月二〇日　初版第一刷発行

著　者　山波弘雪

発行所　株式会社はる書房
〒一〇一-〇〇五一　東京都千代田区神田神保町一-四四駿河台ビル
電話・〇三-三二九三-八五四九　FAX・〇三-三二九三-八五五八
http://www.harushobo.jp/

組　版　シナプス

印刷・製本　丸井工文社

ISBN978-4-89984-218-7